LES FONDAMENTAUX
LA BIBLIOTHÈQUE DE L'ÉTUDIANT
DROIT

Finances publiques

Le budget de l'État

Joël Mekhantar
Maître de conférences à l'université de Bourgogne

3e édition mise à jour

HACHETTE

LES FONDAMENTAUX

LA BIBLIOTHÈQUE DE L'ÉTUDIANT

Collection créée et dirigée par Caroline Benoist-Lucy

Dans la même collection :

Droit, Politique

7 **Les institutions de la Ve République** (Ph. Ardant)
9 **La fiscalité en France** (P. Beltrame)
11 **L'héritage institutionnel français – 1789-1958** (F. de La Saussay)
17 **La Constitution commentée, article par article** (S.-L. Formery)
19 **Les collectivités territoriales en France** (E. Vital-Durand)
22 **Contentieux administratif** (D. Turpin)
45 **Le Conseil constitutionnel / Son rôle, sa jurisprudence** (D. Turpin)
46 **Droit administratif** (J.-C. Ricci)
47 **Mémento de la jurisprudence administrative** (J.-C. Ricci)
57 **Introduction au droit de l'Union européenne** (J. Dutheil de la Rochère)
74 **Les services publics** (J.-M. Pontier)
75 **Mémento des institutions politiques françaises** (E. Vital-Durand)
85 **Droit des relations internationales** (G. Agniel)
86 **Libertés publiques** (J.-M. Pontier)
91 **Les relations internationales depuis 1945** (P. Boniface)
95 **Mémento de la jurisprudence du Conseil constitutionnel** (D. Turpin)
103 **Droit international public** (G. Agniel)
110 **Histoire des grands courants de la pensée politique** (J.-J. Raynal)
115 **Les politiques sociales en France** (P. Valtriani)
121 **Droit des sociétés** (J. Bonnard)
124 **Mémento des grandes œuvres politiques** (B. Ravaz)
127 **Droit civil / Droit de la famille** (M. Le Bihan-Guénolé)
129 **Droit du travail** (M. Le Bihan-Guénolé)
131 **Mémento de la jurisprudence du droit international public** (B. Tchikaya)
132 **Droit pénal général** (P. Canin)
137 **Droit des entreprises en difficulté** (J. Bonnard)
143 **Droit communautaire matériel** (J. Dutheil de la Rochère)
144 **Droit commercial** (P. Canin)

43 quai de Grenelle, 75905 Paris cedex 15.

Couverture : Daniela Bak.

I.S.B.N. 2.01.14.5338.0

Sommaire

1

Les grands principes du droit budgétaire

Ce chapitre introductif a pour but de préciser le sens des notions de finances publiques et de budget (section 1) afin de présenter les grands principes relatifs à l'élaboration (section 2) et à l'exécution (section 3) des budgets publics en droit français.

1. Les notions de finances publiques et de budget

Quelles sont les origines des finances publiques modernes (A) ? Que recouvre le concept de budget (B) ? Telles sont les questions à résoudre pour aborder l'étude juridique des budgets publics, objet principal des finances publiques, sous l'angle du droit budgétaire.

A. L'origine des finances publiques modernes

Dans ses manifestations les plus classiques, le pouvoir politique à l'état brut, c'est d'abord de mobiliser des armées, mais c'est surtout, ensuite ou en même temps, de lever l'impôt. Justifié par sa finalité d'intérêt général, l'impôt apparaît comme le premier élément nécessaire au développement des finances publiques. Le libre consentement à l'impôt a été l'un des enjeux des révolutions anglaises et de la Révolution française. Il permet d'expliquer la naissance des institutions financières.

LA NAISSANCE DES INSTITUTIONS FINANCIÈRES EN ANGLETERRE AU XVIIE SIÈCLE

En Angleterre, l'idée du libre consentement à l'impôt est ancienne. En 1215, la Grande Charte de Jean Sans Terre prévoit déjà que :

> « *Aucun écuage ou aide ne sera établi dans notre royaume sans le consentement du commun conseil de notre royaume...* »

Oublié par les Tudor au XVIe siècle, ce principe est réaffirmé au XVIIe avec les Stuart. Ainsi, lorsque Charles Ier Stuart arrive sur le trône en 1625, il se voit refuser des droits de tonnage et de douane par le Parlement et cherche à gouverner en recourant à l'emprunt forcé. Le Parlement rappelle alors le principe de 1215 dans la célèbre Pétition des droits de 1628 afin que : « *nul, à l'avenir, ne soit contraint de faire aucun don gratuit, prêt d'argent ni présent volontaire, ni de payer aucune taxe ou impôt quelconque, hors le consentement commun donné par Acte du Parlement* ».

Le même principe est confirmé par le *Bill of Rights* du 13 février 1689 :

> « *Une levée d'argent pour la Couronne ou à son usage, sous prétexte de prérogative, sans le consentement du Parlement, pour un temps plus long et d'une manière autre qu'elle n'est ou ne sera consentie par le Parlement, est illégale.* »

Autrement dit, à partir de cette période, non seulement le principe de l'autorisation parlementaire de l'impôt est confirmé, mais, de plus, le Parlement anglais autorise aussi « l'usage » ou « la manière » dont sera dépensé l'impôt. Le pouvoir financier n'est plus à la discrétion de la Couronne. Il l'est d'autant moins que le Parlement impose une périodicité annuelle à l'autorisation budgétaire. Les institutions financières anglaises vont largement influencer le droit budgétaire français à partir de la Restauration.

LE DÉVELOPPEMENT DES FINANCES PUBLIQUES EN FRANCE

Les textes constitutionnels français, même avant la Restauration, contenaient généralement des dispositions relatives aux finances publiques.

■ Les finances publiques dans les Constitutions françaises avant 1814

- **La Déclaration de 1789**, dans ses articles 13, 14, 15 et 17, prévoit notamment le caractère indispensable d'une contribution commune pour financer les dépenses d'administration, l'égale répartition de cette contribution, le libre consentement des citoyens ou de leurs représentants à l'impôt, la possibilité de demander compte à tout agent public et l'indemnisation juste et préalable à toute expropriation publique.
- Par ailleurs, **la Constitution de 1791** (Titre III, Chapitre III, art. 1er, sect. 1) « *délègue exclusivement au Corps législatif les pouvoirs et fonctions : (...) 2° De fixer les dépenses publiques; 3° D'établir les contributions publiques, d'en déter-*

miner la nature, la quotité, la durée et le mode de perception ; 4° De faire la répartition de la contribution directe entre les départements du royaume, de surveiller l'emploi de tous les revenus publics, et de s'en faire rendre compte. » Cette même Constitution, dans son Titre V (« Des contributions publiques »), affirme déjà l'***annualité budgétaire*** (art. 1er), la ***publicité des dépenses et des recettes*** dans des comptes détaillés et leur ***spécialité par nature*** (art. 2).

- En 1795, le Titre XI de **la Constitution du Directoire** rappelle ces principes. En outre, cette Constitution – s'inspirant de la Constitution inappliquée de 1793 – institue ***cinq commissaires de la Trésorerie nationale*** chargés de surveiller la recette de tous les deniers nationaux, d'ordonner les mouvements de fonds et le paiement de toutes les dépenses publiques consenties par le Corps législatif. Elle crée aussi ***cinq commissaires de la Comptabilité nationale*** qui donnent connaissance au Corps législatif des abus et malversations. Mais surtout, dans un article 322, elle prévoit déjà l'existence d'un ***compte général des recettes et des dépenses de la République*** (ancêtre lointain de l'actuel « Compte général de l'administration des Finances »). On ne se contente donc plus de l'élaboration du budget (le mot n'existe d'ailleurs pas encore), mais on cherche ainsi, d'une part, à suivre son exécution par une comptabilité publique, et d'autre part, à limiter les risques d'abus en séparant l'ordonnancement des dépenses par le Corps législatif, le Directoire ou le ministre et leur paiement, confié à la Trésorerie nationale (art. 318).
- Avec le **Consulat**, d'après **la Constitution de l'an VIII**, « *le gouvernement dirige les recettes et les dépenses de l'État, conformément à la loi annuelle qui détermine le montant des unes et des autres* » (art. 45).

  Par ailleurs : « *L'un des ministres est spécialement chargé de l'administration du Trésor public...* » (art. 56). En outre : « *Les comptes détaillés de la dépense de chaque ministre, signés et certifiés par lui, sont rendus publics* » (art. 57).
- Sous le **Premier Empire, la Constitution de l'an XII** institue un architrésorier (art. 42). Celui-ci est « *présent au travail annuel dans lequel les ministres des Finances et du Trésor public rendent à l'Empereur les comptes des recettes et des dépenses de l'État, et exposent leur vues sur les besoins des finances de l'Empire* ». Il vise les comptes des recettes et des dépenses de l'État. « *Il arrête tous les ans, le grand livre de la dette publique.* » Le rappel sommaire de ces quelques dispositions atteste bien l'existence d'un droit constitutionnel des finances publiques en formation dès avant la Restauration.

Le développement du droit budgétaire moderne sous la Restauration

Lorsque Louis XVIII rentre en France, il ne se contente pas d'introduire le régime parlementaire, il importe aussi les mécanismes du droit budgétaire anglais. De ce point de vue, les Chartes de 1814 et de 1830 sont assez réduites. La ***Charte de 1814*** confirme le consentement parlementaire à l'impôt (art. 48) et l'égalité fiscale puisque tous les Français « *contribuent indistinctement, dans la proportion de leur fortune, aux charges de l'État* » (art. 2). Par ailleurs, dans le système bicaméral de la Charte, la Chambre des députés a priorité sur la Chambre des pairs pour examiner la loi de l'impôt (art. 17 et 47). L'impôt foncier est annuel (art. 49). La dette publique est garantie (art. 70). La ***Charte de 1830*** reprend l'intégralité de ces dispositions. Elle ajoute par ailleurs qu'il sera pourvu par des lois séparées au vote annuel du contingent de l'armée (art. 69).

Pour l'essentiel, le droit budgétaire n'est cependant pas dans les Chartes mais dans la pratique parlementaire et dans les lois de cette période. Ainsi, la ***loi du 26 mai 1817*** affirme la règle de l'annualité budgétaire, la ***loi du 15 mai 1818*** pose le principe de l'universalité, l'ordonnance du 14 septembre 1822 confirme cette règle. À partir de cette période, les fondements du droit budgétaire moderne sont fixés.

■ L'importance actuelle des finances publiques

L'importance actuelle des finances publiques est évidente. Elle s'explique quantitativement par la croissance des budgets publics et qualitativement par la diversité des domaines concernés par les finances publiques.

- **Sur le plan quantitatif**, on peut mesurer l'importance des finances publiques en observant l'évolution des charges du budget de la France.

Alors que les charges du budget français ne représentaient qu'un milliard de francs sous la Restauration, elles atteignent 5 milliards en 1914. Après cette date, il est difficile d'évaluer précisément l'accroissement des dépenses publiques sur une longue période en raison de l'instabilité du franc qui passe de 322,5 mg d'or fin en 1803 à 1,80 mg d'or fin en décembre 1958. La création du nouveau franc en 1959 ramène le franc à 180 mg d'or, mais les dévaluations depuis 1969 ont de nouveau altéré la stabilité de notre monnaie.

Sur une période plus courte, en revanche, les comparaisons sont plus significatives. Ainsi, si l'on se réfère à l'évolution des prélèvements obligatoires (impôts et cotisations sociales), on constate que ces derniers passent de 1 171 milliards en 1980 à 4 307 milliards en 2001. Rapportées au PIB, les dépenses publiques passent de 11 % en 1872 à 12,6 % en 1912, puis 32,8 % en 1920 et 40,8 % en 1947 (Christine André et Robert Delorme, *in* « Le Budget de l'État », *Cahiers français*, n° 261, mai-juin 1993, La Documentation française). Les prélèvements obligatoires oscillent entre 41,7 % du PIB (en 1980) et 45,7 % du PIB (en 1999). On prévoit 44,7 % en 2001.

Bien entendu, les chiffres relatifs aux prélèvements obligatoires ne concernent pas les finances publiques au sens strict, puisqu'ils incluent les cotisations sociales, lesquelles ne font pas partie du budget de l'État. Cependant, malgré la débudgétisation de la protection sociale, le déséquilibre des comptes sociaux pose de sérieux problèmes aux finances publiques et impose régulièrement l'intervention financière des pouvoirs publics.

Ainsi le projet de loi de finances pour 2001 évaluait à 172,7 milliards de francs les concours de l'État aux régimes sociaux (Ass. nat., Rapport n° 2624, Tome 1, vol. 2, 16 octobre 2000).

La révision constitutionnelle de 1996, qui s'est prononcée pour un accroissement du rôle du Parlement en la matière, bénéficie surtout au gouvernement, compte tenu des règles de la procédure législative.

L'article 34 de la Constitution a été modifié afin que : « *les lois de financement de la sécurité sociale déterminent les conditions générales de son équilibre financier et, compte tenu de leurs prévisions de recettes, fixent ses objectifs de dépenses, dans les conditions et sous les réserves prévues par une loi organique* » (articles LO. 111-3 à LO. 111-7 du code de la sécurité sociale).

L'article 39 modifié prévoit que : « *les projets de lois... de financement de la sécurité sociale sont soumis en premier lieu à l'Assemblée nationale* ».

Enfin, s'agissant de la procédure, d'après l'article 47-1 ajouté à la Constitution :

« *Le Parlement vote les projets de loi de financement de la sécurité sociale dans les conditions prévues par une loi organique.* (Code de la sécurité sociale, *id.*)

« *Si l'Assemblée nationale ne s'est pas prononcée en première lecture dans le délai de vingt jours après le dépôt d'un projet, le gouvernement saisit le Sénat qui doit statuer dans un délai de quinze jours. Il est ensuite procédé dans les conditions de l'article 45.*

« *Si le Parlement ne s'est pas prononcé dans un délai de cinquante jours, les dispositions du projet peuvent être mises en œuvre par ordonnance.*

« *Les délais prévus au présent article sont suspendus lorsque le Parlement n'est pas en session et, pour chaque assemblée, au cours des semaines où elle a décidé de ne pas tenir séance, conformément au deuxième alinéa de l'article 28.*

« *La Cour des comptes assiste le Parlement et le gouvernement dans le contrôle de l'application des lois de financement de la sécurité sociale.* »

- **Du point de vue de leur structure**, les prélèvements obligatoires se répartissent ainsi :

Répartition des prélèvements obligatoires (en %)

	1997	1998	1999	2000	2001
État	**38,5**	**38,4**	**39,2**	**38,2**	**38,0**
dont cotisations sociales	0,9	0,9	0,9	0,9	0,8
Organismes divers d'administration centrale	1,8	1,8	1,8	1,8	1,7
dont CRDS	0,7	0,7	0,7	0,7	0,7
Administrations publiques locales	12,6	12,7	12,1	11,6	11,2
Administrations de sécurité sociale	**45,6**	**45,8**	**45,7**	**47,1**	**47,8**
dont cotisations sociales	39,7	35,1	34,9	34,9	35,3
Institutions européennes	1,5	1,4	1,3	1,3	1,3
Total des prélèvements obligatoires	100,0	100,0	100,0	100,0	100,0

Source : Ministère de l'Économie, des Finances et de l'Industrie ; Projet de loi de finances 2001 ; Documents d'information : www.finances.gouv.fr/pole_ecofin/finances_Etat/LF/2001/plf

D'une façon générale, la croissance des finances publiques s'explique notamment par l'augmentation des missions de service public confiées à l'État et aux diverses personnes publiques. Cette évolution est très sensible depuis les deux conflits mondiaux et la crise économique des années 1930.

B. L'étude juridique des budgets publics, objet des finances publiques

Il est de nombreuses manières d'aborder l'étude des finances publiques. Certains auteurs font une part importante à la sociologie (Lalumière), d'autres traitent surtout d'économie publique ou de politique économique. Les finances publiques, pour l'essentiel, sont envisagées ici sous l'angle du droit budgétaire ou de la législation financière. Cela posé, il reste à définir le concept de base de la discipline, à savoir le ***budget***, à évoquer les ***fonctions*** qu'il remplit et à préciser l'idée d'***autonomie budgétaire***, qui demeure une caractéristique fondamentale du droit des personnes publiques.

LE CONCEPT DE BUDGET

Le mot budget viendrait du vieux français « bougette » (petit sac de cuir). Le mot a pris son sens financier en Angleterre dans un pamphlet de 1733 intitulé *The Budget Opened*, dans lequel le Premier ministre R. Walpole était comparé à un charlatan ouvrant une besace de remèdes miraculeux et d'attrape-nigauds (*Dictionnaire historique de la langue française*, sous la direction d'Alain Rey, Le Robert, 1992).

Au terme de l'évolution précédemment décrite, l'article 4 du ***décret du 29 décembre 1962*** sur la comptabilité publique indique, d'une manière synthétique, que :

> « *Le budget (...) est l'acte par lequel sont prévues et autorisées les recettes et les dépenses des organismes publics.* »

Le budget public est aussi parfois envisagé du point de vue de sa présentation formelle. Ainsi, l'article 16 alinéa 1er de l'ordonnance organique n° 59-2 du 2 janvier 1959 relative aux lois de finances a défini le budget comme « *l'ensemble des comptes* » de l'État. On aura l'occasion d'indiquer plus loin comment se présentent ces différents comptes.

LES FONCTIONS DES BUDGETS PUBLICS

Par leur montant et par leur place dans l'économie, les budgets publics remplissent des fonctions politiques, économiques et sociales évidentes.

- Le budget traduit d'abord **un ensemble de choix politiques.** S'agissant de l'État, les grandes orientations budgétaires sont définies par le gouvernement qui, sauf dans l'hypothèse de la « cohabitation », tient compte des engagements éventuellement pris par le président de la République devant l'opinion. Le gouvernement est chargé de mettre ces choix en pratique dans l'élaboration des projets de lois de finances. Cependant, il ne faut pas exagérer la part des choix budgétaires : les budgets publics sont à plus de 90 % des budgets de reconduction.
- Le budget traduit surtout une véritable **politique économique et sociale**, et, de ce point de vue, les idées ont évolué. Dans l'optique libérale, les finances publiques doivent rester neutres. Toute intervention de la puissance publique dans l'économie fausserait l'équilibre du marché. On sait depuis Keynes que cette vision doit être corrigée.

  Le budget est en effet un instrument important de la politique économique de l'État. Ainsi, les dépenses publiques, lorsqu'elles financent en priorité des investissements, stimulent l'économie par leur effet multiplicateur sur les investissements. Par ailleurs, l'augmentation des traitements des fonctionnaires – qui a souvent un effet d'entraînement sur les salaires – de même que l'augmentation des dépenses de transfert facilitent une relance de la consommation (et, en retour, les rentrées fiscales). D'après Keynes, la politique fiscale, élément important des finances publiques, permet aussi à l'État d'intervenir en ponctionnant les liquidités en période d'inflation. En réalité, excepté lorsqu'elle a été appliquée aux États-Unis, la théorie de Keynes dans le domaine des finances publiques a surtout eu pour effet de déculpabiliser les gouvernants en leur fournissant l'alibi d'une relance économique souvent hypothétique pour justifier leur incapacité à contenir des déficits budgétaires excessifs.

L'AUTONOMIE BUDGÉTAIRE, ÉLÉMENT DÉTERMINANT DE LA PERSONNALITÉ MORALE PUBLIQUE

Toutes les personnes morales publiques (État, collectivités territoriales et personnes publiques spécialisées) disposent de l'autonomie budgétaire. L'inverse n'est pas vrai. Ainsi, certains services publics, bien que budgétairement autonomes, ne sont pas juridiquement personnalisés. Exemple : la plupart des services publics de l'État lorsqu'ils font l'objet de budgets annexes.

Dire que les personnes morales publiques sont budgétairement autonomes, cela signifie que, pour exercer leurs compétences, elles élaborent leur propre budget. Cependant, cette autonomie n'est pas totale. Le droit budgétaire, ainsi que les règles propres à chaque institution publique, impose à des degrés divers des contraintes à l'autonomie budgétaire (par exemple, les dépenses obligatoires, la tutelle financière, etc.). Par ailleurs, l'autonomie budgétaire, excepté pour l'État, n'implique pas l'autonomie ***financière***. La plupart des personnes publiques, en dehors de l'État, dépendent financièrement de ressources redistribuées par le budget de l'État sous forme de subventions et de dotations diverses.

En 2000, les ***prélèvements sur les recettes de l'État au profit des collectivités territoriales*** représentent plus de 188 milliards de francs, ainsi répartis :

Dotations de fonctionnement : 141,7 milliards de francs, dont (en milliards de francs) : Dotation globale de fonctionnement (DGF) : 111,3 ; Dotation spéciale instituteurs : 2,3 ; Fonds national de péréquation de la taxe professionnelle : 3,7 ; Dotation de compensation de la taxe professionnelle : 11,9 ; Compensation des exonérations relatives à la fiscalité locale : 12,2 ; Dotation élu local : 0,27 ; Compensation de la part salariale de la taxe professionnelle : 22,6.

Dotations d'équipement : 23,8 milliards de francs, dont (en milliards de francs) : Fonds de compensation pour la TVA : 21,8 ; Amendes forfaitaires de police : 2.

Source : Projet de loi de finances 2000, État A, p. 147.

Par ailleurs, le montant total des ***concours budgétaires et fiscaux de l'État aux collectivités locales*** se monte à 332 milliards de francs dans le projet de loi de finances pour 2000. Si la tendance à la globalisation de ces dotations laisse une large part d'autonomie budgétaire aux institutions qui en bénéficient, elle ne supprime pas pour autant leur dépendance financière. Parmi les principales dotations globalisées dont bénéficient les collectivités en 2000 et qui ne font pas l'objet d'un prélèvement sur recettes, on citera : la dotation globale d'équipement (DGE), 5,2 milliards de francs ; la dotation générale de décentralisation (DGD), 10 milliards (plus 7,8 milliards de DGD Formation professionnelle en raison du transfert de compétences de l'État aux régions concernant l'action qualifiante des jeunes de moins de 26 ans, plus 1,3 milliard pour la DGD Corse) ; la dotation régionale d'équipement scolaire (DRES), 3,3 milliards (en crédits de paiement) ; la dotation départementale d'équipement des collèges (DDEC), 1,6 milliards de francs (en crédits de paiement).

La véritable autonomie financière consisterait à doter les collectivités et organismes publics d'une fiscalité propre. Or les collectivités territoriales bénéficient d'abord de la fiscalité transférée par la loi du 7 janvier 1983 (et par la loi du 13 mai 1991 pour la Corse), ce qui représente plus de 40 milliards de francs en 2000. De plus, en ce qui concerne la fiscalité locale proprement dite, les collectivités territoriales n'ont pour l'essentiel qu'un pouvoir limité de fixation des taux d'imposition dans une fourchette prédéterminée par l'État. Celui-ci peut même supprimer un impôt local sans porter atteinte à l'autonomie locale même s'il ne compense pas totalement cette suppression (CC, déc. n° 2000-432 DC du 12 juillet 2000, pour la suppression de la part régionale de la taxe d'habitation pour 2001).

En droit français, la compétence budgétaire demeure une prérogative traditionnelle des assemblées délibérantes. Ainsi, pour l'État, le Parlement autorise les dépenses et les recettes par des lois de finances. Cette exigence va relativement loin dans la mesure où la compétence budgétaire ne se délègue point. Toutefois, depuis la loi du 7 mars 1998, le président de région peut, dans certains cas (prévus par l'art. L. 43 II-I-I du code général des collectivités territoriales), faire adopter le budget régional sans vote du conseil régional.

Les personnes publiques disposant toutes d'un budget propre, il est utile de connaître les cinq grands principes communs à l'élaboration de tous les budgets publics.

2. Les principes d'élaboration des budgets publics (annualité, unité, universalité, spécialité, sincérité)

Cinq grands principes, façonnés au cours de l'histoire budgétaire, répondent tous à une préoccupation commune : permettre aux assemblées délibérantes de mieux contrôler les dépenses et les recettes des institutions publiques.

A. Le principe d'annualité

Le principe d'une ***périodicité annuelle*** a été retenu pour l'élaboration de tous les budgets publics. L'année budgétaire coïncide en France avec l'année civile (ce qui ne va pas sans poser certains problèmes pour la gestion de la plus grosse administration civile de l'État : l'Éducation nationale).

LA SIGNIFICATION DU PRINCIPE

Le principe d'annualité concernait surtout à l'origine le consentement à l'impôt (Constitution de 1791, Titre V, art. 1er). Cette idée est reprise en droit positif. L'article 4 de l'ordonnance 59-2 du 2 janvier 1959 dispose : « *L'autorisation de percevoir les impôts est annuelle.* »

Cela vaut tant pour la fiscalité de l'État que pour la fiscalité locale. C'est pourquoi l'article 1er de toutes les lois de finances est ainsi rédigé :

> « *La perception des impôts, produits et revenus affectés à l'État, aux collectivités territoriales, aux établissements publics et aux organismes habilités à les percevoir, continue d'être effectuée, pendant l'année N., conformément aux lois et règlements et aux dispositions de la présente loi de finances.* »

Il a fallu attendre la ***loi du 26 mai 1817*** pour parler véritablement d'annualité budgétaire, c'est-à-dire concernant à la fois les dépenses et les recettes de l'État. Aujourd'hui, l'article 16 de l'ordonnance de 1959 reprend ce principe en prévoyant que :

> « *Le budget est constitué par l'ensemble des comptes qui décrivent, pour une année civile, toutes les ressources et toutes les charges permanentes de l'État.* »

Les pouvoirs publics sont parfois tentés de s'affranchir de cette règle de l'annualité. Ainsi, la loi d'orientation quinquennale n° 94-66 du 24 janvier 1994 relative à la maîtrise des finances publiques (*JO* du 25 janvier) avait pour objectif de ramener le déficit du budget de l'État à 2,5 % du PIB dans la loi de finances pour 1997 (contre 3,55 % proposés dans la LFI 1995). Cependant, il ne pouvait s'agir là que d'un ***objectif***, et non d'une contrainte. Le budget reste élaboré dans un cadre annuel.

Le même principe s'applique aux collectivités territoriales et aux établissements publics administratifs. Dans tous les cas il ne concerne que la seule ***élaboration*** des budgets, car tout budget élaboré annuellement s'exécute au-delà du cadre de l'année, pour permettre la continuité de la gestion des services.

En effet, en raison de la longueur du processus financier entre une décision et son exécution, il est pratiquement impossible d'imposer une date couperet au 31 décembre de chaque année pour la clôture des comptes. C'est la raison pour laquelle l'exécution comptable des budgets publics peut s'effectuer soit selon la règle dite ***de la gestion***, soit selon celle dite ***de l'exercice***. Avec le système de la gestion, on ne rattache au budget annuel que les opérations effectivement payées ou encaissées avant le 31 décembre de l'année considérée. Avec le système de l'exercice, les opérations exécutées sont rattachées à l'exercice budgétaire pour lequel elles ont été autorisées. Ces opérations peuvent être engagées jusqu'au 31 décembre. Bien entendu, certaines d'entre elles s'exécutent plus tard et la clôture des comptes d'un exercice ne peut intervenir qu'une fois l'ensemble des opérations de l'exercice exécutées. Un tel système implique de prévoir une période complémentaire au-delà de l'année pour l'exécution budgétaire.

Le droit budgétaire français adopte une position intermédiaire (art. 16 al. 2 et s. de l'ordonnance de 1959). Ainsi, s'agissant de l'État (mais le système est semblable pour tous les organismes publics) :

> « *Les recettes sont prises en compte au titre du budget de l'année au cours de laquelle elles sont encaissées par un comptable public. Les dépenses sont prises en compte au titre du budget de l'année au cours de laquelle les ordonnances ou mandats sont visés par les comptables assignataires ; elles doivent être payées sur les crédits de ladite année, quelle que soit la date de la créance.* »

En définitive, le rattachement d'une dépense à un exercice ne dépend pas de la date du paiement effectif mais de la date du visa apposé par le comptable public sur les ordonnances ou mandats de paiement.

LES ATTÉNUATIONS DU PRINCIPE

Strictement appliqué, le principe d'annualité serait vite trop rigide, aussi a-t-il fait l'objet de diverses atténuations. En ce sens, le ***décret n° 86-451 du 14 mars 1986*** a précisé les modalités d'application de l'article 16 de l'ordonnance de

1959. Il permet, à titre exceptionnel, de déroger au principe ***pour les dépenses ordinaires*** autres que de personnel. En règle générale, celles-ci ne sont engagées que jusqu'au 30 novembre de chaque année, sauf urgence. Toutefois des engagements de régularisation d'un engagement antérieur peuvent intervenir jusqu'au 31 décembre pour un ordonnateur secondaire et jusqu'au 10 janvier suivant pour un ordonnateur principal. Pour les mandats émis jusqu'au 31 décembre de l'année *N* et pour les ordonnances de paiement émises jusqu'au 10 janvier de l'année *N* + 1, les comptables les prennent en compte au titre du budget de l'année *N*, même après le 31 décembre de l'année *N*. Toutefois, cette prise en compte est strictement encadrée. Elle ne peut avoir lieu que :

– jusqu'au 15 janvier de l'année *N* + 1, s'il s'agit de comptables principaux de l'État ;

– jusqu'au 23 janvier ou jusqu'au 30 janvier de l'année *N* + 1, s'il s'agit de comptables et d'opérations désignés par arrêté du ministre chargé du budget,

– et même jusqu'au 7 février de l'année *N* + 1 pour l'Agent comptable central du Trésor.

Ce système de gestion raccourcie, qui succède au système de la « gestion prolongée » (Lalumière), s'efforce de faire pratiquement coïncider l'exécution de la loi de finances avec l'exercice budgétaire auquel elle se rapporte. Tel est l'esprit du décret n° 96-1172 du 26 décembre 1996, qui a permis de gagner un mois dans la connaissance des écritures comptables consolidées. Ainsi, l'Agent comptable central du Trésor n'a désormais plus que jusqu'au 7 février (au lieu du 8 mars) pour régulariser les écritures de l'exercice écoulé.

Le principe d'annualité est très atténué en matière de ***dépenses d'investissement***. Dans ce cas, il faut distinguer les *autorisations de programme*, dont la validité s'étend au-delà de l'année, et les *crédits de paiement*, qui permettent de réaliser effectivement le programme et qui ont, eux, une validité annuelle. Divers mécanismes financiers permettent aussi d'échapper à la rigidité du cadre annuel dans l'exécution des budgets publics (par exemple, les possibilités de report de certains crédits d'un exercice sur l'autre). Ces mécanismes seront étudiés ultérieurement.

Depuis 1995 (circulaire Juppé du 26 juillet), l'effort continu de modernisation des finances publiques a conduit l'État à programmer ses dépenses dans un cadre pluriannuel. Ainsi, en se fondant sur une croissance de 3 % par an, le *Programme pluriannuel de finances publiques 2001-2003* limite la progression des dépenses de l'État à 1,3 % par an.

Enfin, il est fréquent que le gouvernement ouvre en été des crédits au titre de l'exercice clos pour couvrir des dépenses de personnel. Ces arrêtés, dits « de grande répartition », sont souvent dénoncés par la Cour des comptes.

B. Le principe d'unité

Le principe d'unité budgétaire est également au nombre des grands principes d'élaboration des budgets publics. Il est complété par celui d'universalité. Ces règles s'imposent au législateur (exemples : CC, déc. n° 94-351 DC du 29 décembre 1994, cons. n° 6, *Rec.* pp. 140-145 ; ou n° 99-424 DC du 29 décembre 1999, cons. n° 9).

LA SIGNIFICATION DU PRINCIPE

Le principe d'unité exprime l'idée selon laquelle les dépenses et les recettes d'une institution publique doivent être adoptées et présentées dans un document unique. S'agissant de l'État, ce document unique est la ***loi de finances***, qui, d'après l'article 2 de l'ordonnance du 2 janvier 1959, « *prévoit et autorise, pour chaque année civile, l'ensemble des ressources et des charges de l'État* ». La même idée d'unité budgétaire est reprise dans l'article 16 de l'ordonnance du 2 janvier 1959, qui définit le budget comme *l'ensemble des comptes qui décrivent toutes les ressources et toutes les charges permanentes de l'État.*

Bien que largement appliqué, le principe d'unité est parfois remis en cause.

LA REMISE EN CAUSE DU PRINCIPE DANS LA PRÉSENTATION DU BUDGET DE L'ÉTAT

Historiquement, pour l'État, le budget ne s'est pas toujours présenté comme le regroupement en un document unique de l'ensemble de ses ressources et de ses charges. Dans l'immédiat après-guerre, l'interventionnisme et les nécessités de la reconstruction ont favorisé l'éclatement budgétaire. Certains comptes spéciaux n'apparaissaient plus dans le budget, il en allait de même des ressources parafiscales. Finalement, le droit budgétaire de la Ve République a favorisé une réintégration de toutes ces ressources dans la loi de finances. Un état annexe (annexe E) récapitule sous forme de tableau les taxes parafiscales dont la perception est autorisée pour l'année. De même, l'ordonnance 59-2 du 2 janvier 1959 a favorisé une réintégration de l'ensemble des comptes dans la loi de finances. Il en résulte une présentation un peu complexe où l'on distingue, à côté du ***budget général de l'État***, des ***budgets annexes*** et des ***comptes spéciaux du Trésor***.

Dans le projet de loi de finances pour 2001, ***en dépenses***, le budget général s'élève à près de 1 724 milliards de francs, les budgets annexes à près de 108 milliards et les comptes spéciaux du Trésor à plus de 451 milliards (dont près de 82 milliards de comptes d'affectation spéciale à caractère définitif), soit 2 283 milliards au total. Ces charges ne sont financées par des ***ressources*** qu'à hauteur de 2 097 milliards, provenant de : près de 1 529 milliards (budget général) + près de 108 milliards (budgets annexes) + 460 milliards (comptes spéciaux du Trésor, dont près de 82 milliards de comptes d'affectation spéciale à caractère définitif). Il y a donc un solde général négatif prévu de 186 milliards de francs.

LES CONTOURNEMENTS DU PRINCIPE : LA DÉBUDGÉTISATION

Pour contourner le principe d'unité budgétaire, la tentation est parfois grande pour l'État de débudgétiser. La débudgétisation est un phénomène simple dans son principe : elle consiste pour l'État à reporter sur d'autres personnes morales le financement de certaines actions qu'il assumait auparavant.

C'est dans ce but, par exemple, qu'a été créé en 1982 le Fonds spécial Grands travaux, sous la forme d'un établissement public. Ce Fonds a pris le relais des dotations budgétaires pour l'équipement routier, les subventions aux transports collectifs (TGV-Atlantique en 1984) et la réhabilitation de logements. La loi de finances pour 1987 a prévu la suppression du FSGT et la rebudgétisation des charges correspondantes. Plus récemment, une loi du 22 juillet 1993 a créé le Fonds de solidarité vieillesse (FSV), vers lequel la loi de finances pour 1995 voulait débudgétiser certaines majorations de pensions de fonctionnaires retraités. Ces charges présentant par nature un caractère permanent pour l'État, le non-respect de la règle d'unité entachait d'inconstitutionnalité cette débudgétisation (cf. déc. en ce sens : CC, n° 94-351 DC du 29 décembre 1994, *JO* du 30 décembre 1994, cons. n° 6).

De même, une dépense permanente d'un budget annexe ne peut être débudgétisée. En revanche, si la dépense ne présente pas un caractère permanent, sa débudgétisation en direction du FSV n'est plus inconstitutionnelle (CC, déc. n° 95-369 DC du 28 décembre 1995, cons. n° 16, *JO* du 31 décembre, pp. 19099 et s.). De même, peuvent ne pas figurer dans le budget de l'État les dépenses financées par la taxe d'aéroport qui ne sont pas des charges permanentes de l'État (CC, déc. n° 98-405 DC, 29 décembre 1998, cons. n°s 63 à 66, *Rec.* p. 326).

C. Le principe d'universalité

Ce principe complète le précédent et signifie que le montant intégral des ressources couvre l'ensemble des charges sans qu'il y ait contraction entre les recettes et les dépenses. Le principe d'universalité s'applique au budget général comme aux budgets annexes.

Le Conseil constitutionnel a, pour ce motif, considéré contraire à la Constitution une disposition de la loi de finances pour 1995 qui débudgétisait les prestations de l'assurance vieillesse des non-salariés agricoles, charge permanente incombant normalement au budget annexe des prestations agricoles (déc. n° 94-351 DC du 29 décembre 1994, *JO* du 30 décembre 1994, cons. n° 9).

De ce principe découlent deux règles importantes du droit budgétaire : la ***règle du produit brut*** et la ***règle de non-affectation des recettes***.

LA RÈGLE DU PRODUIT BRUT

Cette règle fait obligation d'inscrire dans le budget l'intégralité des recettes et l'intégralité des dépenses pour leur montant brut. Pour renforcer la transparence budgétaire, l'inscription du seul produit net, c'est-à-dire du solde après contraction des dépenses et des recettes, n'est pas admise.

La règle du produit brut est prévue pour l'État dans l'article 16 de l'ordonnance de 1959, qui fait bien référence à « *toutes les ressources et toutes les charges permanentes de l'État* ». On la retrouve également dans les autres budgets publics, qu'il s'agisse des collectivités territoriales ou des établissements publics administratifs.

LA RÈGLE DE NON-AFFECTATION DES RECETTES

Cette règle interdit qu'une recette budgétairement autorisée soit affectée à une dépense prédéterminée. À ce propos, l'article 18 alinéa 1er de l'ordonnance de 1959, qui ne fait que reprendre une règle en vigueur depuis une ordonnance de 1838, dispose :

> « *Il est fait recette du montant intégral des produits sans contraction entre les recettes et les dépenses. L'ensemble des recettes assurant l'exécution de l'ensemble des dépenses, toutes les recettes et toutes les dépenses sont imputées à un compte unique, intitulé budget général.* »

L'universalité budgétaire est complétée sur le plan comptable par le principe d'***unité de caisse*** assuré par le Trésor public. Ainsi, une caisse unique recueille toutes les recettes et paie toutes les dépenses publiques. Le but est d'éviter les « caisses noires » et la compensation d'une dépense par une recette.

LES EXCEPTIONS AU PRINCIPE

Pour l'État, il existe des exceptions notables au principe d'universalité, prévues à l'article 18 alinéas 2 et suivants de l'ordonnance de 1959. Certaines recettes peuvent être directement affectées à certaines dépenses. La majeure partie des affectations spéciales prennent la forme des ***budgets annexes*** et des ***comptes spéciaux du Trésor*** sur lesquels on reviendra.

En dehors de ces cas, l'ordonnance prévoit l'affectation de recettes à certaines dépenses par le biais de procédures comptables particulières au sein du budget général ou d'un budget annexe. Ces procédures particulières sont d'une part, la ***procédure de fonds de concours***, et d'autre part, la ***procédure de rétablissement de crédits***.

- Les **fonds de concours** sont des fonds versés par des personnes morales ou physiques pour concourir avec ceux de l'État à des dépenses d'intérêt public. Par exemple, l'extension d'un campus universitaire, qui normalement relève de la compétence de l'État, peut faire l'objet de concours financiers de la région, voire d'entreprises privées.
- Le **rétablissement de crédits** se traduit par l'annulation de dépenses déjà effectuées lorsque les sommes payées indûment ou à titre provisoire sont restituées au Trésor. Par exemple, lorsque, après une mutation ou un changement d'administration, un fonctionnaire continue de percevoir le traitement afférent à son emploi précédent, il reçoit un ordre de reversement. Les sommes ainsi restituées sont rétablies à due concurrence sur le chapitre budgétaire sur lequel elles avaient été imputées.

D. Le principe de spécialité

Les assemblées délibérantes des institutions publiques doivent connaître de façon précise comment vont être utilisés les crédits budgétairement autorisés. C'est pourquoi le droit budgétaire comporte un quatrième principe : le principe de spécialité.

LA SIGNIFICATION DU PRINCIPE

En application du principe de spécialité, les crédits ouverts par une loi de finances ou dans un budget public sont spécialisés en fonction de leur ***nature*** ou de leur ***destination***. Cette spécialisation intervient au niveau du chapitre budgétaire. Ainsi, on trouve des chapitres destinés à payer des dépenses de personnel, d'autres qui paieront des dépenses de matériel, etc.

Pour l'État, l'article 7 de l'ordonnance du 2 janvier 1959 prévoit que les crédits « *sont affectés à un service ou à un ensemble de services. Ils sont spécialisés par chapitre groupant les dépenses selon leur nature et selon leur destination.* » Ainsi, il est plus facile de suivre ce que deviendra chaque franc voté, et surtout chaque franc inscrit dans un chapitre spécialisé ne devra pas financer une autre opération que celle pour laquelle il a été voté.

LES ATTÉNUATIONS DU PRINCIPE

En ce qui concerne l'État, le principe de spécialité ne s'applique pas aux fonds spéciaux mis sans affectation préétablie à la disposition du Premier ministre.

Ces fonds s'élevaient à plus de 393 millions de francs pour 2000 (décret de répartition n° 99-1201 du 30 décembre 1999, chap. 37-91, *JO* du 31 décembre 1999, p. 20095).

Par ailleurs, l'article 7 de l'ordonnance du 2 janvier 1959 a prévu de ne pas figer l'intégralité des crédits votés dans des chapitres spécialisés. Ainsi, « *certains chapitres peuvent comporter des crédits globaux destinés à faire face à des dépenses éventuelles ou à des dépenses accidentelles* ». Par ailleurs, « *des crédits globaux peuvent également être ouverts pour des dépenses dont la répartition par chapitre ne peut être déterminée au moment où ils sont votés* ».

Le principe de spécialité a perdu une grande part de son intérêt dans la mesure où le budget de l'État n'est plus voté par chapitre, mais par titre et par ministère. Toutefois, le détail du budget par chapitre est maintenu au niveau des annexes déposées en même temps que le projet de loi de finances (les « bleus budgétaires » de chaque ministère). Par ailleurs, ce principe de spécialité appliqué au niveau de l'élaboration du budget peut largement être remis en cause au niveau de son exécution.

E. Le principe de sincérité

Le principe de sincérité budgétaire est un principe constitutionnel nouveau selon lequel ***les prévisions budgétaires doivent être évaluées et présentées de façon sincère***. Dans sa décision n° 97-395 DC du 30 décembre 1997 sur la loi de finances pour 1998, le Conseil constitutionnel a reconnu l'existence d'une atteinte à la sincérité de la loi de finances (cons. n° 14) découlant du maintien du rattachement par voie de fonds de concours de certains prélèvements en application de deux lois de 1948 et 1949. Ces prélèvements avaient en réalité une nature fiscale depuis l'entrée en vigueur de l'ordonnance de 1959. Le rattachement de ces sommes aux services financiers faussait à la fois la prévision de dépenses du budget général et l'évaluation du déficit prévisionnel, mais le Conseil, prenant acte de l'engagement du gouvernement de régler cette question dès la loi de finances pour 1999, n'a pas frappé d'inconstitutionnalité la loi sur ce point. De même, ne constituait pas une violation de ce principe le fait pour l'État de ne pas avoir tenu compte des incidences de la loi de financement de la Sécurité sociale sur le budget de l'État (*idem*, cons. n° 6).

À propos des mêmes fonds de concours, les députés ont de nouveau soulevé la violation du principe de sincérité par la loi de finances pour 1999. Ce moyen a été rejeté (CC, déc. n° 98-405 DC du 29 décembre 1998, cons. n° 2 et s.). L'insincérité de la prévision budgétaire a également été invoquée par la saisine des sénateurs pour critiquer notamment la « sous-évaluation délibérée de l'impact budgétaire de la cession d'une partie du capital de l'entreprise

Aérospatiale ». Le Conseil constitutionnel n'a pas suivi les sénateurs car cette cession présentait un « *caractère aléatoire* » (cons. n°s 3 et 8). De même, les concours apportés aux collectivités locales font l'objet d'un prélèvement sur recettes alors qu'ils constituent bien des dépenses de l'État et devraient figurer en dépenses au budget général. Cependant, le Conseil constitutionnel ne considère pas que cette présentation soit contraire au principe de sincérité dès lors que le prélèvement, dans son montant et sa destination, est défini de façon distincte et précise (déc. n° 98-405 DC, cons. n° 6).

D'une façon générale, le Conseil constitutionnel admet bien que marginalement, pour certaines sommes, le budget ne puisse pas être présenté de façon totalement sincère. Cependant, l'inconstitutionnalité n'est pas retenue, eu égard au « *montant limité des sommes en cause par rapport aux masses budgétaires* » (CC, déc. n° 98-406 DC du 29 décembre 1998, p. 340, cons. n°s 2 et 3). À ce jour, le nouveau principe joue donc davantage comme une arme de dissuasion destinée à éviter les cas d'« insincérité manifeste » des présentations budgétaires. Cela n'empêche pas les parlementaires de soulever de plus en plus fréquemment ce moyen (CC., déc. n° 99-424 DC du 29 décembre 1999, cons. n°s 2 à 17 ; n° 99-425 DC du 29 décembre 1999, cons. n°s 1 à 6 ; n° 2000-441 DC du 28 décembre 2000, cons. n°s 2 et 3).

3. L'exécution des budgets publics et le principe de séparation des ordonnateurs et des comptables

Une fois élaboré, un budget public doit être exécuté. Pour assurer un plus grand contrôle sur les fonds publics et afin d'éviter les risques de malversation, le droit budgétaire et la comptabilité publique ont posé le principe de la séparation des ordonnateurs et des comptables (A), qui connaît tout de même quelques exceptions (B).

A. La signification du principe

Le principe de séparation des ordonnateurs et des comptables implique que les activités d'exécution du budget sont nettement séparées et confiées à des agents distincts. Cela a pour conséquence d'entraîner ***deux comptabilités*** dont le rapprochement doit permettre de déjouer les anomalies. Sur le plan juridique, il existe également ***deux types de responsabilité*** distincts : la responsabilité du comptable, seul à pouvoir manier des fonds publics, et celle de l'ordonnateur. Enfin, il existe ***différents mécanismes*** permettant de résoudre les problèmes de cohabitation entre l'ordonnateur et le comptable.

SÉPARATION DES ACTIVITÉS ET DES AGENTS D'EXÉCUTION DU BUDGET

Le principe de la séparation des ordonnateurs et des comptables trouve sa traduction en droit positif dans le décret n° 62-1587 du 29 décembre 1962 portant règlement général sur la comptabilité publique.

■ La notion d'ordonnateur

Cette notion d'ordonnateur apparaît pour la première fois dans une ordonnance du 14 septembre 1822. Aujourd'hui, l'article 5 du ***décret du 29 décembre 1962*** dispose :

> « *Les ordonnateurs prescrivent l'exécution des recettes et des dépenses* [des organismes publics]. *À cet effet, ils constatent les droits des organismes publics, liquident les recettes, engagent et liquident les dépenses.* »

Pour le budget de l'État, d'une façon générale, les ministres sont ordonnateurs principaux et les préfets sont ordonnateurs secondaires.

■ La notion de comptable public

Les comptables publics sont nommés par le ministre des Finances ou avec son agrément. Il existe diverses catégories de comptables publics. Globalement, il y a près de 25 000 comptables publics. D'après l'article 11 du décret de 1962 :

> « *Les comptables publics sont seuls chargés :*
>
> *De la prise en charge et du recouvrement des ordres de recettes qui leur sont remis par les ordonnateurs, des créances constatées par un contrat, un titre de propriété ou autre titre dont ils assurent la conservation ainsi que de l'encaissement des droits au comptant et des recettes de toute nature que les organismes publics sont habilités à recevoir;*
>
> *Du paiement des dépenses, soit sur ordres émanant des ordonnateurs accrédités, soit au vu des titres présentés par les créanciers, soit de leur propre initiative, ainsi que de la suite à donner aux oppositions et autres significations;*
>
> *De la garde et de la conservation des fonds et valeurs appartenant ou confiés aux organismes publics;*
>
> *Du maniement des fonds et des mouvements de comptes de disponibilités;*
>
> *De la conservation des pièces justificatives des opérations et des documents de comptabilité;*
>
> *De la tenue de la comptabilité du poste comptable qu'ils dirigent.* »

Par ailleurs, les comptables sont chargés d'exercer un certain nombre de contrôles (art. 12 et 13 du décret de 1962), mais il s'agit essentiellement de contrôles de régularité car ils n'« *ont pas le pouvoir de se faire juge de la légalité des décisions administratives* » (CE, sect., 5 février 1971, *Ministre de l'Économie et des Finances c/ Sieur Balme*, Rec., p. 105) et doivent tenir compte de la perte du caractère exécutoire d'une décision annulée par le juge administratif dès la lecture du jugement (CE, 8 juillet 1998, *Ministre du Budget*, n° 142444).

Enfin, après avoir distingué les ordonnateurs et les comptables publics, le décret de 1962 précise en son article 20 que, en dehors de quelques exceptions, « *les fonctions d'ordonnateur et celles de comptable public sont incompatibles* ».

LA CONSÉQUENCE COMPTABLE : LE PRINCIPE DE LA DOUBLE COMPTABILITÉ

La première conséquence de cette séparation est, sur le plan comptable, la tenue d'une double comptabilité, à la fois chez l'ordonnateur et chez le comptable public de l'organisme public concerné.

- La **comptabilité administrative de l'ordonnateur** retrace l'ensemble des dépenses engagées et des droits constatés. Au niveau de l'État, cette comptabilité administrative incombe au contrôleur financier dans chaque ministère, en application de la loi du 10 août 1922. Pour les collectivités territoriales, il s'agit du compte administratif tenu, selon la collectivité concernée, par le maire, le président du conseil général ou le président du conseil régional. Une comptabilité des engagements est également tenue dans les établissements publics administratifs.
- La **comptabilité du comptable public** est organisée par le décret de 1962. Elle se matérialise dans les comptes financiers des établissements publics, les comptes de gestion des collectivités territoriales et le compte général de l'administration des Finances pour l'État. Ce dernier compte est transmis à la Cour des comptes et au Parlement avant l'approbation de la loi de règlement de l'exercice concerné.

LA CONSÉQUENCE JURIDIQUE : LA SÉPARATION DES RESPONSABILITÉS

La conséquence juridique de la séparation est l'existence d'une double responsabilité.

■ La responsabilité des ordonnateurs

Elle est prévue par l'article 7 du décret du 29 décembre 1962, qui dispose :

> « *Les ordonnateurs sont responsables des certifications qu'ils délivrent.* »

Toutefois, l'article 9 fait une distinction entre « *les ministres ordonnateurs principaux de l'État* », qui « *encourent, à raison de leurs attributions, les responsabilités que prévoit la Constitution* », et « *les autres ordonnateurs d'organismes publics, qui encourent une responsabilité qui peut être disciplinaire, pénale et civile, sans préjudice des sanctions qui peuvent leur être infligées par la Cour de discipline budgétaire* ». En pratique, les ministres n'étaient soumis qu'à une hypothétique responsabilité pénale devant la Haute Cour de Justice, dans les conditions prévues par l'article 68 de la Constitution. Avec la révision constitutionnelle de juillet 1993, ils relèveront désormais pénalement de la Cour de justice de la République pour les « *actes accomplis dans l'exercice de leurs fonctions et qualifiés crimes ou délits au moment où ils ont été commis* » (loi constitutionnelle n° 93-952 du 27 juillet 1993, *JO* du 28 juillet 1993, p. 10600).

■ La responsabilité des comptables publics

Elle est beaucoup plus contraignante. D'après l'article 19 du décret du 29 décembre 1962, dans les conditions fixées par les lois de finances, les comptables publics sont personnellement et pécuniairement responsables des opérations dont ils sont chargés aux termes de l'article 11 du décret et de l'exercice régulier des contrôles qui leur incombent en vertu des articles 12 et 13 dudit décret.

L'article 60 de la loi n° 63-156 du 23 février 1963 (loi de finances pour 1963) organise précisément cette responsabilité, qui s'étend à toutes les opérations du poste comptable qu'ils dirigent, depuis la date de leur installation jusqu'à la date de cessation des fonctions. Cette responsabilité pécuniaire se trouve engagée dès lors qu'un déficit ou un manquant en deniers ou en valeurs a été constaté, qu'une recette n'a pas été recouvrée, qu'une dépense a été irrégulièrement payée ou que, par la faute du comptable public, l'organisme public a dû procéder à l'indemnisation d'un autre organisme public ou d'un tiers. Cette responsabilité est mise en jeu soit par le ministre dont relève le comptable, soit par le ministre des Finances, soit enfin par le juge des comptes.

Pour faire face à leur responsabilité pécuniaire, les comptables publics sont tenus de constituer des garanties. Depuis une loi de 1908, ils prennent l'engagement d'une caution personnelle et solidaire souscrite auprès d'une association de cautionnement agréée par le ministre de l'Économie et des Finances. La réglementation sur le cautionnement exigé des comptables publics a été fixée par le décret n° 64-685 du 2 juillet 1964. Pour garantir la responsabilité des comptables publics, l'État dispose d'un privilège sur leurs biens meubles et d'une hypothèque légale sur leurs immeubles.

Enfin, on notera que toute personne qui s'ingère dans le recouvrement de recettes ou le paiement de dépenses sans avoir la qualité de comptable public ou sans agir sous le contrôle d'un agent comptable public, est considérée comme étant un ***comptable de fait***. Les comptables de fait encourent les mêmes responsabilités que les comptables patents. Ils peuvent, de plus, se voir infliger une amende pour gestion de fait.

LA RÉSOLUTION DES CONFLITS ENTRE L'ORDONNATEUR ET LE COMPTABLE

En cas d'irrégularité en matière de dépense ou d'inexactitude de certifications données par l'ordonnateur, le comptable public est tenu de suspendre le paiement en vertu de l'article 37 du décret de 1962.

Dans ce cas, l'ordonnateur peut requérir le comptable de payer, en application de l'article 8 du décret. Cette réquisition du comptable a pour effet d'engager la responsabilité exclusive de l'ordonnateur. On notera que, aux termes de l'article 110 du décret du 29 décembre 1962 :

> « *Les comptables payeurs doivent refuser de déférer aux ordres de réquisition lorsque la suspension de paiement est motivée par : l'indisponibilité des crédits; l'absence de justification de service fait; le caractère non libératoire du règlement; l'absence de visa d'une ordonnance par le contrôleur financier.* »

Le principe de la séparation connaît également certaines exceptions.

B. Les exceptions au principe

L'exception la plus connue au principe de séparation est celle concernant les ***fonds secrets du gouvernement***. Mais il en est d'autres, notamment celles tenant aux ***régies d'avances et de recettes***.

LES FONDS SECRETS DU GOUVERNEMENT

Ces fonds spéciaux, prévus par une loi du 27 avril 1946, sont mis à la disposition du Premier ministre pour financer diverses opérations, souvent de nature politique. Ces crédits sont ouverts globalement au titre des services du Premier ministre, lequel, sur son ordonnancement, en obtient le versement par un comptable public. Le Premier ministre manie ainsi directement des fonds qu'il peut ensuite répartir librement entre les ministres. Ces derniers lui rendent compte de l'emploi qu'ils en font.

LES RÉGIES D'AVANCES ET DE RECETTES

Les régies d'avances et de recettes, prévues par l'article 18 du décret du 29 décembre 1962, sont juridiquement organisées par le décret n° 92-681 du 20 juillet 1992 (*JO* du 22 juillet 1992), modifié par le décret n° 97-33 du 13 janvier 1997 (*JO* du 13 juillet 1997).

Les régisseurs, bien que n'ayant pas la qualité de comptable public, ont la possibilité de manier des fonds publics sous le contrôle des comptables. La création d'une régie permet d'éviter de multiplier à l'excès le réseau des comptables publics. Les régies sont en principe créées par arrêté conjoint du ministre des Finances et du ministre intéressé. Le régisseur est nommé par arrêté ou décision de l'ordonnateur principal de l'organisme public auprès duquel la régie est instituée. Par ailleurs, par mesure de déconcentration, les préfets sont habilités à créer ou modifier des régies.

- La **régie de recettes** autorise un agent à constater une recette et à percevoir les fonds correspondants. Le régisseur reverse périodiquement les sommes encaissées au comptable public dont il dépend (exemple : les régies municipales des piscines). Sauf dérogation accordée par le ministre des Finances, les impôts, taxes et redevances prévus au Code général des impôts, au Code des douanes et au Code du domaine de l'État ne peuvent être encaissés par l'intermédiaire d'une régie.
- La **régie d'avances** permet au comptable public de verser régulièrement des fonds au régisseur afin que ce dernier puisse régler les créanciers après justification de la créance. Sauf dérogation accordée par le ministre des Finances, peuvent seuls être payés par l'intermédiaire d'une régie : **1°)** Les menues dépenses de matériel et de fonctionnement, dans la limite d'un montant fixé par arrêté du ministre des Finances (10 000 F par opération) ; **2°)** La rémunération des personnels payés sur une base horaire ou à la vacation ; **3°)** Les secours urgents ou exceptionnels ; **4°)** Les frais de mission et de stage, et avances sur ces frais ; **5°)** Les dépenses nécessaires au bon fonctionnement des services situés à l'étranger ; **6°)** Les dépenses d'intervention et subventions, dans la limite d'un montant fixé par arrêté (10 000 F par opération).

  Comme les comptables, les régisseurs sont en principe soumis à l'obligation de constituer un cautionnement. Ils en sont dispensés lorsque le montant de l'avance consentie ou des recettes encaissées n'excède pas un seuil fixé par arrêté (8 000 F pour une avance ; 8 000 F pour le montant moyen des recettes encaissées mensuellement ; 16 000 F pour ce dernier montant ajouté au montant de l'avance).

L'acte constitutif des régies doit contenir des dispositions obligatoires.

– **Pour les régies d'avances,** il faut que soient précisés : la nature des dépenses à payer, le montant maximum de l'avance, le délai de production des pièces justificatives au comptable.

– **Pour les régies de recettes,** l'acte constitutif doit préciser : la nature des recettes à encaisser, les modalités d'encaissement et le montant du fonds de caisse permanent dont peut disposer le régisseur, la possibilité de virement à un compte de disponibilités ouvert pour utiliser spécialement la carte bancaire, les modalités de versement des fonds au comptable public.

2

Le contenu des lois de finances

Qu'est-ce qu'une loi de finances (section 1) ? Quels sont les autres documents budgétaires de l'État (section 2) ? Quelle est la structure du budget (section 3) ? La réponse à ces questions permet de distinguer le concept juridique de « ***loi de finances*** », qui ne s'identifie pas exactement au concept économique, financier et comptable de « ***budget*** ».

1. La loi de finances : notion et contenu

La notion de loi de finances est définie par l'article 1er de l'ordonnance de 1959, qui indique que :

> « *Les lois de finances déterminent la nature, le montant et l'affectation des ressources et des charges de l'État, compte tenu d'un équilibre économique et financier qu'elles définissent.* »

Si, en application du principe d'unité budgétaire, le budget de l'État doit figurer dans un document unique, et si ce document unique approuvé par le Parlement constitue la loi de finances, il n'en demeure pas moins que l'ordonnance de 1959 prévoit plusieurs types de lois de finances. Après avoir défini ces différentes catégories de lois de finances (A), il est utile de s'intéresser plus particulièrement au contenu de la loi de finances de l'année (B).

A. Les différentes catégories de lois de finances

L'article 2 de l'ordonnance du 2 janvier 1959 dispose : « *Ont le caractère de loi de finances : La loi de finances de l'année et les lois rectificatives; La loi de règlement (...).* »

À ces trois catégories de lois de finances, qu'il est nécessaire de définir, le Conseil constitutionnel a ajouté une quatrième catégorie par une décision du 30 décembre 1979.

LA LOI DE FINANCES DE L'ANNÉE

La loi de finances de l'année – on parle aussi de loi de finances initiale – est celle qui « *prévoit et autorise, pour chaque année civile, l'ensemble des ressources et des charges de l'État* ».

Il s'agit donc toujours matériellement, comme toutes les lois, d'un texte rédigé sous forme d'articles (voir *JO* du 31 décembre 2000, pp. 21119 pour la loi n° 2000-1352 du 30 décembre 2000, loi de finances pour 2001). Cependant, ce texte est adopté selon une ***procédure particulière*** prévue par la Constitution – et notamment son article 47 –, par l'ordonnance de 1959 (laquelle fait l'objet d'une proposition de réforme importante : Ass. nat., n° 2540, proposition de loi organique relative aux lois de finances, 11 juillet 2000 ; Sénat, rapport n° 37, Alain Lambert, 19 octobre 2000), les règlements des assemblées et la jurisprudence du Conseil constitutionnel.

La loi de finances obéit à un certain formalisme (cf. ord. du 2 janvier 1959, art. 31). ***Elle se présente en deux parties.*** La première décrit les « *conditions générales de l'équilibre financier* », fixe les recettes, le plafond des dépenses, et surtout, comme son intitulé l'indique, détermine les conditions générales de l'équilibre financier. La seconde, consacrée aux « *moyens des services et dispositions spéciales* », fixe le montant global des crédits et arrête les dépenses.

Enfin, le texte de la loi de finances comprend ***huit états annexés*** :
- le tableau des voies et moyens applicables au budget (état A) ;
- la répartition, par titre et par ministère, des crédits applicables aux dépenses ordinaires des services civils (état B) ;
- la répartition, par titre et par ministère, des autorisations de programme et des crédits de paiement applicables aux dépenses en capital des services civils (état C) ;
- le tableau, par chapitre, des autorisations d'engagement accordées par anticipation sur les crédits à ouvrir lors de la prochaine loi de finances (état D) ;
- le tableau des taxes parafiscales dont la perception est autorisée (état E) ;
- le tableau des dépenses auxquelles s'appliquent des crédits évaluatifs (état F) ;
- le tableau des dépenses auxquelles s'appliquent des crédits provisionnels (état G) ;
- le tableau des dépenses pouvant donner lieu à des reports de crédits de l'année précédente (état H).

LES LOIS DE FINANCES RECTIFICATIVES

La loi de finances de l'année ne peut tout prévoir, et l'autorisation budgétaire doit constamment s'adapter à la conjoncture économique. C'est pourquoi il est parfois nécessaire de modifier en cours d'année le contenu de l'autorisation budgétaire initiale (CC, déc. n° 91-298 DC, 24 juillet 1991, cons. n°s 9 et 17). Tel est l'objet des lois de finances rectificatives, que l'on appelle aussi « collectifs budgétaires », selon la formule consacrée sous les IIIe et IVe Républiques.

Aux termes de l'article 2 de l'ordonnance du 2 janvier 1959, « *seules les lois de finances dites* ***rectificatives****, peuvent, en cours d'année, modifier les dispositions de la loi de finances de l'année* ».

Du point de vue de leur procédure, « *les lois de finances rectificatives sont présentées en partie ou en totalité dans les mêmes formes que les lois de finances de l'année. Elles soumettent obligatoirement à la ratification du Parlement toutes les ouvertures de crédits opérées par décrets d'avances* » (ord. du 2 janvier 1959, art. 34). ***D'un point de vue politique***, les lois de finances rectificatives sont parfois l'occasion de traduire une nouvelle orientation de la politique économique et budgétaire lors d'un changement de majorité.

LA LOI DE RÈGLEMENT

La loi de règlement, que l'on appelait autrefois « loi des comptes », est définie, quant à son objet, par l'article 2 de l'ordonnance de 1959. Ainsi, « *la loi de règlement constate les résultats financiers de chaque année civile et approuve les différences entre les résultats et les prévisions de la loi de finances de l'année, complétée, le cas échéant, par ses lois rectificatives* ».

L'article 38 alinéa 2 de l'ordonnance de 1959 fait obligation au gouvernement de déposer le projet de loi de règlement « *au plus tard à la fin de l'année qui suit l'exécution du budget* ». Il a fallu attendre la loi de règlement du 16 novembre 1968 se rapportant au budget de 1966 pour que la pratique se remette en accord avec le droit budgétaire.

La procédure applicable aux lois de règlement est définie par les articles 35 et 36 de l'ordonnance du 2 janvier 1959. La loi de règlement est un élément important du contrôle parlementaire sur les finances de l'État (voir chap. 7).

L'EXTENSION JURISPRUDENTIELLE DE LA NOTION DE LOI DE FINANCES

À ces trois catégories de loi de finances prévues par l'ordonnance de 1959 (loi de finances de l'année, loi de finances rectificative, loi de règlement), le Conseil constitutionnel ajoute une quatrième catégorie. En effet, il estime que la loi autorisant le gouvernement à percevoir les impôts à la suite d'une annulation de la loi de finances annuelle doit être également considérée comme une loi de finances (décision n° 79-111 DC du 30 décembre 1979, cons. n° 4,

Rec. p. 39). L'hypothèse s'est présentée en décembre 1979 à la suite de l'annulation de la loi de finances pour 1980 (voir chap. 4).

B. Le contenu de la loi de finances de l'année

La loi de finances est d'abord une loi dont le contenu est précisément déterminé ; c'est aussi un ensemble de comptes.

LA LOI DE FINANCES : UNE LOI À CONTENU DÉTERMINÉ

D'une façon générale, la notion de loi de finances a été créée en 1959 pour l'État bien que le terme de « budget » soit aussi employé dans l'ordonnance. Le budget peut être considéré comme l'un des comptes de la loi de finances. Cependant, la loi de finances est un acte juridique et politique qui, par son contenu, ne se limite pas au seul budget. Ainsi, par exemple, « *les lois de finances peuvent également contenir toutes dispositions relatives à l'assiette, aux taux et aux modalités de recouvrement des impositions de toute nature* ». De même, il faut une loi de finances pour autoriser la perception des taxes parafiscales au-delà du 31 décembre de l'année de leur établissement. En outre, la loi de finances contient :

– les dispositions destinées à organiser l'information et le contrôle du Parlement sur la gestion des finances publiques (art. 1er, al. 2) ;

– les dispositions destinées à imposer aux agents des services publics des responsabilités pécuniaires (art. 1er, al. 2) ;

– les dispositions relatives aux créations et transformations d'emplois (art. 1er, al. 5) ;

La loi de finances obéit à un certain formalisme. Elle se présente toujours en deux parties (art. 31, al. 1er).

■ 1re partie : les « conditions générales de l'équilibre financier »

En application de l'ordonnance de 1959, dans sa première partie la loi de finances doit obligatoirement :

– autoriser chaque année la perception des impôts affectés aux collectivités et aux établissements publics (art. 31, al. 2) ;

– évaluer le rendement des impôts et plus généralement de toutes les ressources dont le produit est affecté à l'État (art. 4) ;

– fixer les plafonds des grandes catégories de dépenses et les données générales de l'équilibre financier (art. 31, al. 2) ;

– comporter les dispositions nécessaires à la réalisation des emprunts pour couvrir l'ensemble des charges de trésorerie (art. 31, al. 2).

La première partie de la loi de finances de l'année comprend deux titres.

Le **titre premier** est consacré aux ***dispositions relatives aux ressources***. Dans ce titre figurent, d'une part, les impôts et revenus autorisés, et d'autre part, les ressources affectées. Parmi les *impôts et revenus autorisés*, la loi reprend les dispositions antérieures permettant d'assurer la continuité de la perception des différents impôts, produits et revenus affectés aux institutions publiques. Elle énumère également l'ensemble des mesures fiscales. C'est ici que l'on trouve les modifications du barème de l'impôt. S'ajoutent aussi des mesures diverses. Parmi les *ressources affectées*, la loi confirme celles relatives aux budgets annexes et comptes spéciaux du Trésor et en ajoute d'autres, plus spécifiques. Elle fixe également ici, depuis la loi de finances pour 1993 (art. 35), le prélèvement sur recettes de l'État au profit du budget des Communautés européennes : 99,5 milliards de francs pour 2001 (art. 28).

Le **titre 2**, qui reste le plus important du point de vue budgétaire, fixe les dispositions relatives à l'***équilibre des ressources et des charges***. Il autorise également le ministre de l'Économie à effectuer diverses opérations en matière d'emprunt (émission d'emprunts...).

■ 2e partie : les « moyens des services et les dispositions spéciales »

Conformément à l'ordonnance de 1959, la loi de finances, dans sa deuxième partie, doit obligatoirement :

– fixer les crédits applicables au montant global des services votés et des autorisations nouvelles par titre et par ministère, et pour les budgets annexes et les comptes spéciaux du Trésor (art. 31, al. 2) ;

– regrouper les autorisations de programme assorties de leur échéancier (art. 31, al. 2).

La deuxième partie de la loi de finances comprend deux titres.

Le **titre premier** concerne les ***dispositions applicables à l'année*** concernée. On distingue dans ce titre, d'une part, les opérations à caractère définitif, et d'autre part, les opérations à caractère temporaire. On trouve également dans ce titre des dispositions diverses. Les *opérations à caractère définitif* sont ventilées entre le budget général, les budgets annexes et les comptes d'affectation spéciale (les comptes d'affectation spéciale étant une des six catégories de comptes spéciaux du Trésor dont on reparlera). Pour le budget général, un premier article fixe globalement le montant des crédits ouverts aux ministres au titre des « services votés » (c'est-à-dire les crédits nécessaires pour assurer la continuité de fonctionnement des services : 1 969 milliards de francs en 2001). Puis les articles suivants indiquent comment sont ventilés les crédits se rapportant aux mesures nouvelles. Cette ventilation est faite en distinguant les services civils et le ministère de la Défense. Puis, à l'intérieur de cette distinction, les articles répartissent les crédits entre les dépenses ordinaires et les dépenses en capital. Pour les dépenses en capital, une sous-répartition est effectuée entre les autorisations de programme (valables au-delà de l'année) et les crédits de paiement (annuels). Pour les budgets annexes, la loi fixe globalement et par budget le montant des « services votés » et des mesures nouvelles, avec, pour ces dernières, comme précédemment, une répartition entre les autorisations de programme et les crédits de paiement. Pour les comptes d'affectation spéciale, on retrouve cette même ventilation entre « services votés » et « mesures nouvelles ».

Les *opérations à caractère temporaire* concernent les comptes spéciaux du Trésor. Elles sont ventilées entre les différentes catégories de comptes spéciaux sur lesquelles on reviendra. Les articles concernant les dispositions diverses sont souvent l'occasion de cavaliers budgétaires, c'est-à-dire d'adjonctions sans rapport avec ce que doit normalement contenir une loi de finances (ex. : CC, déc. n° 2000-442 DC du 28 décembre 2000, loi de finances pour 2001, cons. n°s 33 à 37).

Le **titre 2** de la deuxième partie concerne les ***dispositions permanentes***. Elles sont distribuées entre les mesures fiscales et les autres mesures.

Bien entendu, ce dispositif en articles de la loi de finances est complété par les huit états annexés déjà mentionnés.

LA LOI DE FINANCES : UN ENSEMBLE DE COMPTES

La loi de finances n'est pas qu'une loi ayant un formalisme particulier, c'est aussi un ensemble de comptes ventilés entre le budget général, les budgets annexes et les comptes spéciaux du Trésor.

■ Le budget général

C'est par le budget général de l'État que se concrétise le principe d'unité budgétaire précédemment évoqué. En effet, d'après l'article 18 alinéa 1er de l'ordonnance de 1959, « *toutes les dépenses et toutes les recettes sont imputées à un compte unique, intitulé budget général* ». Toutefois, comme le prévoit l'alinéa suivant du même article, certaines recettes peuvent être affectées directement à certaines dépenses et la manière habituelle de réaliser ces affectations spéciales s'effectue par les budgets annexes et les comptes spéciaux du Trésor.

■ Les budgets annexes

La notion de budget annexe est définie par l'***article 20 de l'ordonnance du 2 janvier 1959***. « *Les opérations financières des services de l'État que la loi n'a pas dotés de la personnalité morale et dont l'activité tend essentiellement à produire des biens ou à rendre des services donnant lieu au paiement de prix, peuvent faire l'objet de budgets annexes. Les créations ou suppressions de budgets annexes sont décidées par les lois de finances.* » Comme cette définition l'indique, l'objectif des budgets annexes est souvent de permettre, au sein de la loi de finances, d'individualiser une activité réalisée par des services de l'État qui n'ont pas la personnalité morale. Cette individualisation a pour but de rapprocher la gestion de l'activité concernée de celle des entreprises privées.

Aux termes de l'article 21 de l'ordonnance de 1959 :

« *Les budgets annexes comprennent, d'une part, les recettes et les dépenses d'exploitation, d'autre part, les dépenses d'investissements et les ressources spéciales affectées à ces dépenses.* »

Le même article précise que :

« *Les opérations des budgets annexes s'exécutent comme les opérations du budget général. Les dépenses d'exploitation suivent les mêmes règles que les dépenses ordinaires; les dépenses d'investissements suivent les mêmes règles que les dépenses en capital.* »

En augmentation après la Première Guerre mondiale en raison de la politique dite des budgets industriels, les budgets annexes sont moins nombreux aujourd'hui.

Jusqu'en 1990, il existait huit budgets annexes.

Le plus important des budgets annexes, celui des PTT, a été supprimé à compter du 1er janvier 1991 par la loi de finances pour 1991, après la transformation de La Poste et de France Télécom en personnes morales de droit public dotées de l'autonomie financière (la loi parle d'« *exploitant public* ») par la loi n° 90-568 du 2 juillet 1990.

De même, la modification juridique du statut de l'Imprimerie nationale, qui a été transformée en société régie par le droit commercial, a entraîné, depuis le 1er janvier 1995, la disparition du budget annexe dont elle faisait l'objet (LFI pour 1995).

En 2001, on ne dénombre plus que six budgets annexes, pour un montant de 107,7 milliards de francs (soit, en millions de francs : l'Aviation civile, 8 958; les Journaux officiels, 1 269; la Légion d'honneur, 121; l'Ordre de la Libération, 6; les Monnaies et Médailles, 1 201; les Prestations sociales agricoles, 96 221 – source : PLF pour 2001).

Remarquons que, contrairement à la définition donnée par l'ordonnance de 1959, deux de ces budgets concernent des organismes dotés de la personnalité morale : la Légion d'honneur et l'Ordre de la Libération. Par ailleurs, ces deux budgets annexes, ainsi que celui des prestations sociales agricoles, ne servent pas à réaliser des opérations à caractère industriel et commercial.

■ Les comptes spéciaux du Trésor

La notion de compte spécial du Trésor peut répondre à trois types de préoccupations. Certaines opérations font l'objet d'un compte spécial du Trésor parce qu'elles ***n'ont pas un caractère définitif***. C'est notamment le cas de prêts accordés par l'État qui feront l'objet de remboursements.

D'autres opérations sont inscrites dans les comptes spéciaux du Trésor parce que, bien que réalisées par des services publics, elles concernent une ***activité commerciale*** pour laquelle il est intéressant de déroger aux règles de la comptabilité publique (notamment pour permettre la récupération de la TVA). Par exemple, la Documentation française, service qui dépend du Premier ministre, exerce aussi une activité commerciale lorsqu'elle vend différents ouvrages d'édition au même titre que n'importe quel éditeur privé. Il existe un compte spécial du Trésor intitulé « Opérations à caractère industriel et commercial de la Documentation française ».

Enfin, il peut être opportun d'isoler du budget général, sur un compte spécial du Trésor, une activité qui, bien que n'étant pas industrielle ou commerciale, fait l'objet d'un ***financement par des ressources qui lui sont spécialement affectées***. Tel est le cas, par exemple, du Fonds national pour le développement du sport.

D'après l'article 23 de l'ordonnance de 1959 :
« *Les comptes spéciaux du Trésor ne peuvent être ouverts que par la loi de finances. Ils ne comprennent que les catégories suivantes : 1° Comptes d'affectation spéciale ; 2° Comptes de commerce ; 3° Comptes de règlement avec les gouvernements étrangers ; 4° Comptes d'opérations monétaires ; 5° Comptes de prêts ; 6° Comptes d'avances.* » On ne compte plus que 36 CST dans la loi de finances 2001, contre 76 en 1970.

Reprenons ces comptes dans l'ordre où ils apparaissent dans l'article d'équilibre (art. 29 du projet de loi de finances pour 2001).

- Les **comptes d'affectation spéciale** « *retracent des opérations qui, par suite d'une disposition de loi de finances prise sur initiative du gouvernement, sont financées au moyen de ressources particulières* ». C'est le cas, par exemple, du Fonds national du livre (financé par le produit de la redevance sur l'édition des ouvrages de librairie et de la redevance sur l'emploi de la reprographie). Le plus important des comptes d'affectation spéciale est le compte d'emploi de la taxe parafiscale affectée au financement des organismes du secteur public de la radiodiffusion sonore et de la télévision dont le produit est fixé à 16,1 milliards de francs pour 2001). Contrairement aux autres comptes spéciaux du Trésor, qui ne retracent que des opérations à caractère temporaire, les comptes d'affectation spéciale concernent aussi et surtout des opérations à caractère définitif (environ 82 milliards en dépenses et en recettes en 2001).
- Les **comptes de prêts** « *retracent les prêts d'une durée supérieure à 4 ans consentis par l'État dans la limite des crédits ouverts à cet effet, soit à titre d'opérations nouvelles, soit à titre de consolidation* » (ord. du 2 janvier 1959, art. 29). Les principaux comptes de prêts sont ceux du Trésor à des États étrangers et à l'Agence française de Développement, notamment pour faciliter l'achat de biens d'équipement (1,9 milliards pour 2001), et ceux du Trésor à des États étrangers pour la consolidation de dettes envers la France (1,5 milliards pour 2001). Pour 2001, les ressources des comptes de prêts sont prévues pour un montant de 9,2 milliards de francs alors que les charges sont plafonnées à hauteur de 3,4 milliards.
- Les **comptes d'avances** « *décrivent les avantages que le ministre des Finances est autorisé à consentir dans la limite des crédits ouverts à cet effet. Un compte d'avance distinct doit être ouvert pour chaque débiteur* » (ord. de 1959, art. 28). Pour 2001, la loi de finances a prévu 369,1 milliards de francs de ressources et a plafonné les charges à 365,2 milliards. Entrent notamment dans cette catégorie les avances sur impositions revenant aux collectivités territoriales pour 362,7 milliards de francs en 2001.

Pour les trois dernières catégories de comptes (comptes de commerce, comptes des opérations monétaires et comptes de règlement avec les gouvernements étrangers), la loi de finances ne donne pas les soldes bruts (avec les dépenses et les recettes pour leur montant brut). Elle se contente d'indiquer le solde net dans la colonne relative aux plafonds des charges temporaires et fixe ainsi le découvert. Cette discrétion s'explique par le nécessaire secret qui entoure les activités à incidence militaire ou monétaire.

- Les **comptes de commerce** « *retracent des opérations de caractère industriel ou commercial effectuées à titre accessoire par des services publics de l'État* » (ord. de 1959, art. 26). Il faut à ce propos observer que les résultats annuels des comptes de commerce sont établis selon les règles du plan comptable général. Nombreuses sont les activités militaires qui transitent par ces comptes de commerce (exemple : les constructions navales de la marine militaire, etc.). Pour 2001, le découvert des comptes de commerce est fixé à 102 millions de francs.
- Les **comptes d'opérations monétaires** « *enregistrent des recettes et des dépenses de caractère monétaire* » (ord. de 1959, art. 27). Pour 2001, cette catégorie de comptes, dont on ne connaît également que le solde d'après la loi de finances initiale, aura un découvert de 391 millions de francs. Parmi ces comptes sont notamment enregistrées les opérations avec le Fonds monétaire international (FMI), les pertes et bénéfices de change, ainsi que les opérations d'émission des monnaies métalliques.
- Les **comptes de règlement avec les gouvernements étrangers** «*retracent des opérations faites en application d'accords internationaux approuvés par la loi* » (ord. de 1959, art. 27). Globalement, ces comptes font apparaître, pour 2001, un découvert de 15 millions de francs.

2. Les documents budgétaires

Avec la loi de finances, un certain nombre de documents budgétaires sont obligatoirement soumis au Parlement (A). À ces documents s'ajoutent des annexes facultatives complémentaires par ministère (B).

A. Les documents budgétaires soumis au Parlement

Dans le cadre de la procédure budgétaire, de nombreux documents sont obligatoirement adressés au Parlement. Certains doivent l'être de manière à être distribués « *au plus tard le premier mardi d'octobre de l'année qui précède l'exécution du budget* » (art. 38 de l'ord. de 1959) ; ils sont de couleur bleue. D'autres, de couleur jaune, ne font pas courir les délais constitutionnels.

LES DOCUMENTS SOUMIS À OBLIGATION DE DÉPÔT AU PREMIER MARDI D'OCTOBRE : « LES BLEUS »

Parmi les bleus budgétaires, on trouve une série de documents généraux et, ensuite, les annexes des services votés et mesures nouvelles par ministère.

■ Les documents généraux, dont le rapport économique et financier

Parmi ces documents généraux figure bien sûr le ***projet de loi de finances*** évoqué ci-dessus. On trouve également un document analysant de manière détaillée l'*ensemble des voies et moyens*, c'est-à-dire les ressources du budget. Un document répertorie la *situation des comptes spéciaux du Trésor*. On trouve aussi un *rapport spécifique consacré au FDES*.

Cependant, le document le plus important en dehors du projet de loi de finances reste le ***rapport économique et financier***. Aux termes de l'article 163 de l'ordonnance n° 58-1374 du 30 décembre 1958 portant loi de finances pour 1959, ce rapport économique et financier comprend en annexes les rapports de la commission des comptes économiques de la nation pour l'année précédente et les comptes prévisionnels de la nation pour l'année en cours et l'année suivante. Ces rapports retracent ce que dans les cours d'économie on appelle la comptabilité nationale.

■ Les annexes des services votés et mesures nouvelles par ministère

D'après l'article 33 de l'ordonnance de 1959 :

> « *Les services votés représentent le minimum de dotations que le gouvernement juge indispensable pour poursuivre l'exécution des services publics dans les conditions qui ont été approuvées l'année précédente par le Parlement.* »

Des annexes par ministère, par budget annexe et pour l'ensemble des comptes spéciaux du Trésor retracent précisément la ventilation des crédits jusqu'au niveau de l'article. C'est dans ces annexes que l'on retrouve la spécialité budgétaire des crédits puisque le gouvernement, à la suite de l'adoption de la loi de finances, procédera à la répartition des crédits par ministère en tenant compte de la répartition par chapitre opérée dans les bleus budgétaires.

Depuis 1997, la présentation des bleus budgétaires a été considérablement améliorée pour permettre de visualiser la répartition des crédits non seulement par chapitre et article mais aussi ***par agrégats*** permettant de mieux suivre les missions des services concernés. Les agrégats budgétaires « *visent à rapprocher, dans un cadre commun, la présentation des actions et la mesure des coûts, la description des objectifs et la mesure des résultats* » (*Guide de rédaction des agrégats budgétaires*). Dans la préparation du projet de loi de finances 2001, les ministères ont ainsi été conduits à rédiger trois types d'agrégats : des ***agrégats de prestations de services*** (numérotés 11, 12, 13...) générant des dépenses directes des différentes activités (éducation, police...), des ***agrégats de programmation d'interventions*** (21, 22, 23...) correspondant à des dépenses de transferts (emploi, logement, agriculture...), et des ***agrégats de fonctions support*** (numérotés 31, 32, 33...) pour les tâches de direction, pilotage, contrôle des services, fourniture de moyens généraux...

À titre d'exemple, à l'Éducation nationale (Enseignement scolaire), quatre agrégats permettent de suivre : en 01, les dépenses d'administration et d'interventions, en 02 l'Enseignement primaire, en 03 l'Enseignement secondaire et en 04 les Établissements publics.

En plus de ces documents sous forme papier, les commissions parlementaires disposent d'une base de données informatiques permettant d'opérer des simulations à partir des données de l'administration des Finances. Depuis la loi de finances 2000, les bleus peuvent être consultés et téléchargés sur Internet (www.finances.gouv.fr/pole_ecofin/finances_Etat/LF/index.html). À l'intérieur de chaque bleu, on trouve toujours, en principe : une récapitulation de l'ensemble des crédits; une récapitulation des crédits par agrégat et par titre; une présentation des crédits par chapitre et article; une présentation des mesures de dépenses ordinaires; une récapitulation par agrégat, l'échelonnement des paiements résultant des autorisations de programme; et une présentation des emplois.

LES ANNEXES NON SOUMISES AUX DÉLAIS DE DÉPÔT : « LES JAUNES »

Les annexes obligatoires, de couleur jaune, non soumises aux délais de dépôt, sont aussi appelées ***annexes générales***. Elles jouent un rôle d'information des parlementaires. Une annexe ne fait l'objet d'un jaune que si elle est rendue obligatoire par un texte ayant au moins une valeur législative.

- L'état retraçant l'**effort social de la nation** est un jaune important. Il résulte des articles 8 et 13 de la loi n° 74-1094 du 24 décembre 1974 relative à la protection sociale, qui prévoit que chaque année, à l'appui du projet de loi de finances, est présenté « *un état qui retrace, pour les trois années précédentes, l'effort social de la nation en regroupant l'ensemble des prestations sociales et des charges qui en découlent pour l'État, les collectivités locales, les employeurs, les assurés et les contribuables* ». Cet état s'est substitué à l'ancien « budget social de la nation » prévu par l'article 164-I-6 de l'ordonnance n° 58-1374 du 30 décembre 1958).

Il est à remarquer que pendant longtemps, le Parlement n'était ***informé*** des résultats du financement de la protection sociale qu'*a posteriori*, sans avoir à se prononcer sur ce budget social géré par les partenaires sociaux.

En décembre 1987, un projet de loi organique visant à étendre le domaine de la loi prévoyait notamment : « *Le Parlement est saisi chaque année d'un projet de loi sur les finances sociales qui porte approbation d'un rapport sur les comptes prévisionnels des régimes obligatoires de base de la Sécurité sociale.* » Le Conseil constitutionnel invalida cette loi organique au motif qu'elle ne se contentait pas d'ajouter une matière législative à l'article 34 de la Constitution, mais portait aussi sur la procédure législative, laquelle ne peut faire l'objet d'une modification par le biais de l'article 34 alinéa 7 (décision n° 87-234 DC, 7 janvier 1988, *Rec.* p. 26). Le projet ne fut cependant pas abandonné.

Une révision constitutionnelle est finalement intervenue quelques années plus tard : la ***loi constitutionnelle du 22 février 1996*** a étendu le domaine de compétence du Parlement, lui permettant désormais de se prononcer sur les lois de financement de la Sécurité sociale (voir, par exemple : loi n° 2000-1257 du 23 décembre 2000 de financement de la Sécurité sociale pour 2001, *JO* du 24 décembre 2000, p. 20558, et son annulation partielle : CC, déc. n° 2000-437 DC du 19 décembre 2000).

- Selon l'article 7 de l'ordonnance n° 58-1100 du 17 novembre 1958 :

  « *Chaque assemblée parlementaire jouit de l'autonomie financière.*

  « *Les crédits nécessaires au fonctionnement des assemblées parlementaires font l'objet de propositions préparées par les questeurs de chaque assemblée et arrêtées par une commission commune composée des questeurs des deux assemblées. Cette commission délibère sous la présidence d'un président de chambre à la Cour des comptes désigné par le premier président de cette juridiction. Deux magistrats de la Cour des comptes désignés par la même autorité assistent la commission; ils ont voix consultative dans ses délibérations.*

  « *Les propositions ainsi arrêtées sont inscrites au projet de loi budgétaire auquel est annexé un rapport explicatif établi par la commission mentionnée à l'alinéa précédent.* »

  Ce rapport fait l'objet d'un jaune intitulé **Rapport relatif aux budgets des assemblées parlementaires**. Pour l'exercice 2000, les crédits nécessaires aux assemblées parlementaires s'élèvent à 4,5 milliards de francs (2,89 milliards pour l'Assemblée nationale et 1,61 milliard pour le Sénat).

- **Les autres jaunes** sont une importante source de l'information des parlementaires, mais aussi des citoyens.

  À titre indicatif, le projet de loi de finances initiale pour 2000 s'accompagnait notamment des annexes jaunes suivantes : *Relations financières avec l'Union européenne • Départements et collectivités territoriales d'outre-mer • Effort financier de l'État en faveur des collectivités locales • Rapport du gouvernement sur la gestion des autorisations de programme • Territoires d'outre-mer et Nouvelle-Calédonie • Récapitulation des crédits civils qui concourent à la défense de la Nation • Produit des impositions affectées à des organismes de Sécurité sociale...*

  (voir : http://alize.finances.gouv.fr/budget/somjaune.htm)

B. Les documents budgétaires complémentaires des ministères

Les annexes facultatives sont des documents qui, pour chaque ministère, complètent l'information budgétaire. On les identifie également par la couleur de leur couverture.

LES BUDGETS VOTÉS : « LES VERTS »

Les budgets votés ou « verts » ne sont pas directement des annexes du projet de loi de finances. Ces documents sont établis par chaque ministère après le vote du budget. Ils présentent de façon détaillée l'analyse des crédits par chapitre, article, paragraphe, donc par rubrique budgétaire élémentaire. Ils servent concrètement dans la gestion des services.

Chaque vert comprend d'abord une récapitulation des crédits présentée sous trois formes : par titre et partie; par agrégat et titre; et par chapitre et article. On trouve ensuite une analyse des crédits distinguant d'une part les dépenses ordinaires et d'autre part les dépenses en capital. Le vert comprend enfin des documents annexes parmi lesquels figurent notamment les crédits ouverts non reconductibles; une récapitulation générale des emplois budgétaires; une récapitulation détaillée des emplois budgétaires; une récapitulation des emplois par corps de fonctionnaires; une présentation économique des dépenses; un tableau récapitulatif des crédits et des effectifs sur cinq ans; une récapitulation des prévisions de fonds de concours.

La ***codification budgétaire*** est à quatre chiffres au niveau du chapitre. Par exemple, dans le chapitre 34-96 « Dépenses d'informatique et de télématique » du vert de l'Enseignement scolaire du budget de l'Éducation nationale pour 2001 : le chiffre 3 correspond au Titre III « Moyens des services », le chiffre 4 à la partie « Matériel et fonctionnement des services », le numéro 96 est un numéro d'ordre. En descendant au niveau de l'article, on trouvera le 34-96 article 10 pour l'« Informatique pédagogique : crédits déconcentrés »; ou article 20 pour l'« Informatique pédagogique : crédits non déconcentrés »; article 30 pour les « Services déconcentrés »; et article 80 pour l'« Administration centrale ». À l'intérieur d'un même article, le vert permet d'aller jusqu'au paragraphe. Ainsi, le 34-96-10 §10 correspond à l'« Achat de matériel » pour les crédits déconcentrés de l'informatique pédagogique du chapitre 34-96.

Cette présentation est améliorée par une ***codification économique*** de 3 à 5 chiffres qui, d'une part, facilite le reclassement des dépenses par nature dans le Compte général de l'Administration des Finances et, d'autre part, permet de faire des liens avec la comptabilité nationale. Comme les bleus et les jaunes, les verts sont également accessibles sur le site internet des Finances depuis le budget 2000 (www.finances.gouv.fr).

LES BUDGETS DE PROGRAMME : « LES BLANCS »

Les budgets de programme ou « blancs budgétaires » ***présentaient les différentes actions d'un ministère par objectif***. Le but était de définir des objectifs que chaque ministère devait s'efforcer d'atteindre en réalisant des programmes chiffrés. Les blancs visaient donc à quantifier ces objectifs, à leur affecter des moyens budgétaires et à évaluer les résultats obtenus. Cette optique de la rationalisation des choix budgétaires a été abandonnée depuis 1997 au profit de l'amélioration de la lisibilité des bleus et des verts.

De fait, la présentation des crédits par agrégat procède en partie de la même logique. Elle devrait favoriser les comparaisons internationales dans la mesure où elle s'inscrit dans une démarche de mesure des résultats des administrations par des indicateurs de performance. La Direction du Budget invite d'ailleurs les administrations de l'État à s'inspirer des méthodes de l'OCDE et du Trésor britannique.

3. La structure budgétaire

Pour comprendre le fonctionnement financier de l'État, il est utile de bien connaître la structure budgétaire.

Pour cela, il faut s'intéresser non seulement aux lignes budgétaires sur lesquelles sont inscrits les différents crédits votés (A), mais également au budget dans son ensemble afin de comprendre ce que signifient les soldes budgétaires (B).

A. Les lignes budgétaires

Selon la formule de Jean Rivoli : « La ligne budgétaire est une autorisation donnée à un service ou à un groupe de services d'effectuer tel type d'opération à concurrence d'un certain montant et en respectant certaines règles » (Jean Rivoli, *Le budget de l'État*, 1975, Seuil, coll. "Points Economie", p. 34). Par conséquent, une ligne budgétaire se caractérise par trois éléments : le service à qui est donnée l'autorisation, le montant de l'autorisation, l'objet de l'opération.

En France, la codification budgétaire permet de distinguer trois catégories générales d'organisation des lignes budgétaires qui sont les titres, parties et chapitres. D'une manière plus affinée, il est possible de descendre dans certains documents jusqu'à l'article et au paragraphe.

LES TITRES ET PARTIES

Le budget général est présenté par ministère, titre, partie et chapitre.

- Le **titre** est un regroupement de ***chapitres homogènes au regard de la nature des crédits***. L'article 6 de l'ordonnance de 1959 indique que les charges permanentes de l'État comprennent : les dépenses ordinaires, les dépenses en capital, et les prêts et avances. L'organisation du budget général en titres reprend cette *division entre les dépenses ordinaires et les dépenses en capital*.

  Ainsi, en respectant les indications données par le même article 6, les ***dépenses ordinaires*** de l'État sont groupées sous quatre titres : *Titre I* : Dette publique, *Titre II* : Pouvoirs publics, *Titre III* : Moyens des services, *Titre IV* : Interventions publiques.

  De même, les ***dépenses en capital*** de l'État font l'objet de trois titres : *Titre V* : Investissements exécutés par l'État, *Titre VI* : Subventions d'investissement, *Titre VII* : Dommages de guerre.

- L'organisation en **parties** n'est pas prévue par l'ordonnance de 1959, mais elle figure dans les bleus et dans les décrets de répartition. Les parties regroupent les chapitres ***en fonction de critères différents selon les titres***.

  Ainsi, aux titres I et III, les parties ventilent les coûts ***par nature***. Au titre IV, les regroupements des chapitres entre les parties correspondent à une nomenclature ***par destination***. Aux titres V et VI, les parties évaluent la charge des investissements selon une ***classification catégorielle***.

LE CHAPITRE BUDGÉTAIRE

Les crédits budgétaires sont spécialisés par chapitre. Les chapitres sont eux-mêmes subdivisés en plusieurs articles et paragraphes.

- Le **chapitre** reste le compte élémentaire servant de support juridique pour la présentation des crédits au Parlement. La ventilation des crédits par chapitre concerne les annexes bleues (services votés et mesures nouvelles par ministère). C'est à partir des chapitres que les crédits sont ouverts par les décrets de répartition. Le nombre des chapitres du budget général est passé de 1 642 en 1984 à 731 en 2000 (*JO*, Ass. nat., n° 1861, tome 3, vol. 1, projet de loi de finances pour 2001).

- L'**article** et le **paragraphe** sont des subdivisions internes au chapitre, qui permettent de décrire de façon détaillée les crédits votés par le Parlement. C'est au niveau de l'article et du paragraphe que chaque ministre peut ensuite sous-répartir les crédits qui lui ont été accordés par la loi de finances et les décrets de répartition. Cette sous-répartition permettra d'élaborer les verts budgétaires.

B. Les soldes budgétaires

Un des grands principes du droit budgétaire, qui à ce titre aurait pu faire l'objet du chapitre introductif, est celui de l'***équilibre budgétaire***. Cependant, s'agissant de l'État, ce principe est moins strict, du moins au niveau de la loi de finances initiale, laquelle peut laisser apparaître un excédent, un découvert ou un déficit.

L'ÉQUILIBRE BUDGÉTAIRE

L'article 1er de l'ordonnance de 1959 reste relativement imprécis sur la notion d'équilibre budgétaire. Il est en effet indiqué que :

> « *Les lois de finances déterminent la nature, le montant et l'affectation des ressources et des charges de l'État, compte tenu d'un équilibre économique et financier qu'elles définissent.* »

L'équilibre n'est donc pas exclusivement financier : il faut aussi tenir compte de l'équilibre économique. Par cette définition vague, l'ordonnance n'interdit pas un certain déséquilibre budgétaire dont le but serait de réaliser globalement un meilleur équilibre de l'économie dans l'optique de Keynes.

C'est au niveau de la loi de règlement du budget d'une année que l'on peut mesurer la manière dont a été réalisé l'équilibre budgétaire.

On peut aussi apprécier la manière dont l'État équilibre son budget à partir du tableau annexé à l'article d'équilibre voté à la fin de la première partie de la loi de finances initiale. Pour cela, il faut distinguer, d'une part, les opérations à caractère définitif (dites au-dessus de la ligne), qui correspondent à des dépenses non remboursables et, d'autre part, les opérations à caractère temporaire (dites en dessous de la ligne), qui permettront à la dépense (par exemple une dépense de prêt, d'avance, etc.) d'être récupérée par un remboursement ultérieur. Au sens large, il y a équilibre budgétaire lorsque les dépenses définitives et temporaires sont couvertes par des recettes définitives et temporaires. En pratique, il n'y a pas nécessairement équilibre dans les finances de l'État.

LE DÉFICIT, LE DÉCOUVERT, L'IMPASSE ET L'EXCÉDENT

Il y a ***déficit budgétaire*** lorsque les dépenses définitives (au-dessus de la ligne) ne sont pas couvertes par des recettes définitives. Depuis 1978, le budget français est constamment en déficit. Il y a ***découvert budgétaire*** lorsque la totalité des dépenses définitives et temporaires de l'État n'est pas couverte. Avant 1959, on employait à ce propos le terme d'« ***impasse*** ». Il y a ***excédent budgétaire*** lorsque les recettes sont supérieures aux dépenses.

Si l'on se réfère à la loi de finances initiale pour 2001, on observe la situation suivante (en millions de francs) :

	Recettes nettes	Dépenses ou Plafonds des charges	
Opération définitives			
Budget général	1 528 639	1 723 807	
Comptes d'affectation spéciale	81 999	81 951	
Budgets annexes	107 776	107 776	
	1 718 414	1 913 534	
=> **Déficit**			**– 195 120**
Opérations temporaires			
Comptes spéciaux du Trésor			
• Affectation spéciale		48	
• Prêts	9 249	3 492	
• Avances	369 185	365 298	
• Commerce (solde)		102	
• Opérations monétaires (solde)		391	
• Règlement avec les gouvernements étrangers (solde)		– 15	
=> **Solde des opérations temporaires**			**9 118**
=> **Solde général prévu en 2001**			**– 186 002**

Évolution du solde général en loi de finances initiale et en exécution (en millions de francs)

	Total des charges de la loi de finances initiale (*a*)	Solde général en loi de finances initiale	Solde général en exécution (*b*)	Différence entre LFI et exécution (*b*)	Différence rapportée aux charges de la LFI (en %)	Montant du solde en pourcentage du PIB total (*c*)	
						En LFI	En exécution
1974	226 003	+ 346	+ 5 503	+ 5 157	+ 2,03	"	0,43
1981	628 392	– 117 762	– 80 885	– 51 501	– 7,2	0,95	2,56
1990	1 233 226		– 93 151	– 2 982	– 0,24	1,39	1,43
		– 165 417					
1991	1 304 225		– 131 747	– 51 056	– 3,91	1,18	1,95
		– 301 362					
1992	1 350 012		– 226 310	– 136 374	– 10,1	1,26	3,23
		– 275 107					

<table>
<tr><th rowspan="2"></th><th rowspan="2">Total des charges de la loi de finances initiale (a)</th><th rowspan="2">Solde général en loi de finances initiale</th><th rowspan="2">Solde général en exécution (b)</th><th rowspan="2">Différence entre LFI et exécution (b)</th><th rowspan="2">Différence rapportée aux charges de la LFI (en %)</th><th colspan="2">Montant du solde en pourcentage du PIB total (c)</th></tr>
<tr><th>En LFI</th><th>En exécution</th></tr>
<tr><td>1993</td><td>1 410 601</td><td rowspan="2">– 287 807</td><td>– 315 649</td><td>– 150 232</td><td>– 10,65</td><td>2,20</td><td>4,45</td></tr>
<tr><td>1994</td><td>1 494 610</td><td>– 299 083</td><td>+ 2 279</td><td>+ 0,15</td><td>4,11</td><td>4,05</td></tr>
<tr><td>1995</td><td>1 524 564</td><td></td><td>– 322 956</td><td>– 75 326</td><td>– 4,94</td><td>3,55</td><td>4,21</td></tr>
<tr><td>1996</td><td>1 607 973</td><td></td><td>– 295 421</td><td>– 7 614</td><td>– 0,47</td><td>3,56</td><td>3,76</td></tr>
<tr><td>1997</td><td>1 638 056</td><td>– 284 820</td><td>– 267 711</td><td>+ 17 109</td><td>+ 1,04</td><td>3,49</td><td>3,29</td></tr>
<tr><td>1998</td><td>1 666 067</td><td>– 257 882</td><td>– 247 517</td><td>+ 10 345</td><td>+ 0,47</td><td>3,05</td><td>2,9</td></tr>
<tr><td>1999</td><td>1 732 101</td><td>– 236 552</td><td>– 206 001</td><td>+ 30 551</td><td>+ 1,76</td><td>2,68</td><td>2,33</td></tr>
<tr><td>LFI 2000</td><td>1 720 654</td><td>– 215 327</td><td>–</td><td>–</td><td>–</td><td>2,34</td><td>–</td></tr>
<tr><td>PLF 2001</td><td>1 796 640</td><td>– 186 002</td><td>–</td><td>–</td><td>–</td><td>1,87</td><td>–</td></tr>
</table>

(*a*) Dépenses définitives nettes hors FMI, et charge nette des opérations temporaires. En 1987, 1988, 1995 et 1996 sont déduits les versements des comptes de privatisation à la caisse d'amortissement de la dette publique (« CADEP »), qui ont la nature d'opérations de trésorerie, soitt respectivement 16 278 millions de francs, 29 750 millions de francs, 6 600 millions de francs et 5 500 millions de francs.

(*b*) Hors FMI et hors fonds de stabilisation des changes.

(*c*) PIB associé à la loi de finances initiale ; PIB des comptes de la Nation pour l'exécution (nouvelle série).

Source : Ass. nat., n° 2624, 16 octobre 2000, PLF pour 2001, Rapport général, tome 1, vol. 2.

Bien entendu, c'est en définitive au Trésor public qu'il incombera d'assurer la couverture des dépenses de l'État.

3

La préparation du projet de loi de finances

La préparation du projet de loi de finances de la France est une opération lourde que l'on peut analyser en s'intéressant à trois points. Quels sont les acteurs de la préparation du budget (section 1) ? Comment sont évaluées les masses budgétaires de l'État (section 2) ? Quelles sont les principales phases d'élaboration du projet de loi de finances (section 3) ?

1. Les acteurs de la préparation du projet de loi de finances

Les règles de compétences (A) mettent en évidence le rôle déterminant du ministère des Finances (B).

A. Les règles de compétence

Dans ce domaine, deux traits dominent. La préparation du budget est d'abord une compétence exclusivement gouvernementale ; c'est aussi une compétence relativement discrétionnaire.

UNE COMPÉTENCE EXCLUSIVEMENT GOUVERNEMENTALE

Le droit budgétaire de la Ve République donne compétence exclusive au gouvernement pour préparer la loi de finances.

Cette compétence résulte d'abord ***de la Constitution***. En effet, l'article 47 alinéa 1er dispose : « *Le Parlement vote les projets de loi de finances dans les conditions prévues par une loi organique.* » Par ailleurs, mais cette règle n'est pas spécifique aux projets de lois de finances, l'article 42 de la Constitution ajoute : « *La discussion des projets de loi porte, devant la première assemblée saisie, sur le texte présenté par le gouvernement.* »

Cette compétence exclusive du gouvernement résulte ensuite ***de l'ordonnance organique du 2 janvier 1959***, qui, dans son titre III, traite « *de la présentation et du vote des projets de lois de finances* ». Sous les IIIe et IVe Républiques, la préparation des textes budgétaires relevait essentiellement de la commission des Finances de la Chambre basse. Aujourd'hui, l'article 37 de l'ordonnance de 1959 prend bien le soin de préciser que : « *Sous l'autorité du Premier ministre, le ministre des Finances prépare les projets de loi de finances qui sont arrêtés en Conseil des ministres.* » En pratique, le gouvernement associe désormais le Parlement à la préparation de la loi de finances à l'occasion d'un débat d'orientation budgétaire au printemps. Le 16 mai 2000, pour la préparation du projet de loi de finances 2001, le débat d'orientation budgétaire a été choisi par le ministre de l'Économie, des Finances et de l'Industrie pour indiquer une douzaine de mesures destinées à améliorer la transparence (communication des lettres de cadrage aux commissions des finances ; charte de budgétisation pour pouvoir comparer d'un exercice sur l'autre ; objectifs, coûts et résultats quantifiés pour chaque ministère...), mais surtout pour annoncer la réforme de l'ordonnance n° 59-2 du 2 janvier 1959.

UNE COMPÉTENCE RELATIVEMENT DISCRÉTIONNAIRE

Non seulement le gouvernement est exclusivement compétent pour préparer le projet de loi de finances, mais de plus sa compétence reste relativement discrétionnaire.

La Constitution et l'ordonnance organique du 2 janvier 1959 ne limitent la compétence du gouvernement que dans les délais pour préparer le projet de loi de finances et dans les documents qui doivent accompagner ce projet.

- **En ce qui concerne les délais**, l'article 38 de l'ordonnance organique impose au gouvernement de déposer le projet de loi de finances de l'année « *au plus tard, le premier mardi d'octobre* ».

- **En ce qui concerne les documents**, le projet doit comprendre les ***annexes explicatives de couleur bleue***, c'est-à-dire, d'une part, les documents généraux (notamment le rapport économique et financier, la liste des comptes spéciaux du Trésor, l'échelonnement des paiements résultant des autorisations de programme, la liste des taxes parafiscales) et, d'autre part, les ***annexes des services votés et mesures nouvelles*** pour chaque ministère, budget annexe et compte spécial du

Trésor. Pour parvenir à ce résultat, le gouvernement est libre de s'organiser comme il l'entend. L'article 37 de l'ordonnance organique impose seulement que le projet soit arrêté en Conseil des ministres et que la préparation administrative du projet incombe au ministre des Finances, « *sous l'autorité du Premier ministre* ».

B. Le rôle déterminant du ministère des Finances

La préparation administrative du budget de la France est relativement mal connue dans la mesure où, par son caractère peu codifié, elle reste davantage un thème d'étude de la science administrative que du droit budgétaire. Cela étant, avant d'étudier le calendrier de la préparation du budget tel qu'il résulte de la pratique et des usages du ministère des Finances, il faut s'attarder sur les protagonistes du dialogue budgétaire dans sa phase administrative, à savoir : le ministre des Finances et ses services d'une part, et les ministres dépensiers d'autre part.

LE MINISTRE DES FINANCES ET SES SERVICES

Si, au sein du gouvernement, la préparation du budget incombe au ministre de l'Économie et des Finances, il est fréquent que pour cette tâche précise, il puisse s'appuyer soit sur un secrétaire d'État soit sur un ministre délégué.

Au-delà des structures ministérielles, qui varient suivant les gouvernements, on retrouve toujours la même permanence des grandes directions à compétence budgétaire et financière.

Ainsi, en application du décret n° 97-710 du 11 juin 1997, le ministre de l'Économie, des Finances et de l'Industrie, « *responsable de l'équilibre de l'ensemble des comptes publics* », est notamment chargé de préparer et mettre en œuvre « *la politique du gouvernement en matière économique, financière, budgétaire, fiscale et de consommation* ». Pour cela, il a autorité sur plusieurs services qui jouent un rôle important dans la préparation du budget (notamment les directions du Budget, du Trésor, de la Prévision, de la Comptabilité publique...).

Par ailleurs, le décret n° 2000-304 du 7 avril 2000 relatif aux attributions déléguées à la secrétaire d'État au Budget exerce par délégation du ministre les attributions de celui-ci relatives notamment à la préparation du budget et à son exécution, à la comptabilité publique, aux impôts. Pour cela, elle dispose des Directions précédemment indiquées.

Parmi l'ensemble de ces directions et services, la ***Direction du Budget*** reste la véritable plaque tournante du processus budgétaire. Par ailleurs, la *Direction de la Prévision* et la *Direction du Trésor* contribuent à l'élaboration des prévisions pour ce qui concerne tant l'évolution prévisible des charges que la gestion de la trésorerie de l'État. Enfin, les interventions de la *Direction des Douanes*, de la *Direction générale des Impôts* et de la *Direction de la législation fiscale* permettent d'affiner les prévisions et la rédaction des dispositions concernant les recettes.

L'organisation de la Direction du Budget : À titre indicatif, en 2000, cette Direction comprends sept sous-directions regroupant chacune de trois à cinq bureaux. La première sous-direction traite notamment : ***Bureau 1A :*** de la politique budgétaire, de la détermination et du suivi de la procédure budgétaire; de l'élaboration des lois de finances; de la programmation à moyen terme des finances publiques; des synthèses; du budget des charges communes et des comptes spéciaux du Trésor; ***Bureau 1B :*** de la modernisation des structures administratives; du contrôle de gestion... ; ***Bureau 1C :*** de la coordination du contrôle financier central et déconcentré; des documents budgétaires et de la nomenclature; des mouvements de crédits; des fonds de concours; ***Bureau 1 D :*** des recettes; de l'exécution budgétaire, de la loi de règlement, des jeux; du suivi de l'Union économique et monétaire et de questions internationales; ***Bureau 1 E :*** informatique de la Direction du Budget.

Les autres bureaux des autres sous-directions soit s'occupent de problèmes budgétaires généraux (par exemple, *bureau 2A* : politique salariale et politique de l'emploi dans la fonction publique et le secteur public, contrôle des emplois), soit suivent précisément le budget d'un département ministériel.

LES MINISTRES DÉPENSIERS

On commettrait une erreur à croire que le budget de la France est établi uniquement par quelques grandes directions des ministères de l'Économie et du Budget, dominées par la Direction du Budget. En effet, les ministères dits « dépensiers » participent bien sûr à l'élaboration du budget en prévoyant, chacun pour ce qui les concerne, les crédits budgétaires qu'ils souhaitent obtenir. Dans chaque ministère, il existe toujours, sous des dénominations diverses, une direction ou un service à compétence financière. Ce service financier, en dehors du contrôle de gestion et du suivi des dépenses engagées, a également pour fonction de réaliser des prévisions budgétaires dont il discute avec le ministère du Budget dès le mois de février pour éventuellement aller à l'arbitrage du Premier ministre jusqu'à fin juillet.

2. L'évaluation des masses budgétaires de l'État

L'évaluation des masses budgétaires de l'État peut être envisagée tant du point de vue des dépenses (A) que du point de vue des recettes (B).

A. L'évaluation des dépenses

À cet égard, il est utile de s'interroger sur trois points : la ***nature*** des dépenses de l'État, les ***contraintes*** en matière de dépenses, et enfin les ***méthodes d'évaluation*** pratiquées par l'administration financière.

LA NATURE DES DÉPENSES DE L'ÉTAT

La nature des dépenses de l'État peut faire l'objet de différentes approches. On peut avoir une ***approche économique*** des dépenses en distinguant entre les ***neuf grandes fonctions du budget fonctionnel,*** lequel faisait l'objet d'un jaune budgétaire jusqu'en 1989.

Le ministère de l'Économie, des Finances et de l'Industrie a présenté une analyse fonctionnelle du budget de l'État 2000 en **huit postes** d'où il ressort que les charges nettes de l'État concernent (en milliards de francs et en pourcentage) : ***personnels de l'État*** (722,3 MdF ; 43,5 %) ; ***dette publique nette*** (234,7 MdF ; 14,1 %) ; ***fonctionnement et équipement de la défense*** (102,4 MdF ; 6,2 %) ; ***interventions en faveur de l'emploi*** (112,7 MdF ; 6,8 %) ; ***autres interventions*** (267,3 MdF ; 16 %) ; ***transferts aux ménages*** (119,6 MdF ; 7,2 %) ; ***subventions aux régimes sociaux spéciaux*** (45,9 MdF ; 2,8 %) ; ***moyens de fonctionnement et d'équipement de l'administration et des pouvoirs publics*** (57 MdF, 3,4 %).

La structure des dépenses du budget général, sur la base des lois de règlement intervenues entre 1990 et 1999, fait apparaître que le budget de la France est essentiellement un budget de fonctionnement et d'intervention (85,3 % en 1990 ; 90,2 % en 1999). Les dépenses d'investissement du budget général sont passées de 14,7 % en 1990 à 9,8 % en 1999. Près de 41 % des dépenses d'investissement du budget général de l'État (168 MdF en 1999) sont effectuées par les Armées (69 MdF en 1999) [*Les Notes Bleues de Bercy,* Projet de loi de finances pour 2001, tableaux 14, 15 et 16, pp. 91 à 93].

Parmi les dépenses en capital, le droit budgétaire distingue les ***autorisations de programme,*** qui permettent au gouvernement d'engager des dépenses d'investissement sur plusieurs années pour le coût total d'une opération, et les ***crédits de paiement*** correspondants, permettant de régler annuellement l'opération au fur et à mesure de sa réalisation.

LES CONTRAINTES EN MATIÈRE DE DÉPENSES

L'autonomie budgétaire de l'État n'est pas totale car il doit faire face à de multiples contraintes en matière de dépenses.

■ Les contraintes résultant des services votés

Parmi les contraintes du droit budgétaire, l'État est tenu de respecter le ***prin-***

cipe de la continuité des services publics. Ce principe général du droit administratif se retrouve en droit budgétaire dans la notion de ***services votés*** (art. 33 de l'ordonnance organique de 1959).

Les services votés (96,6 % des crédits bruts demandés en 2001) représentent le minimum indispensable de dotations pour poursuivre l'exécution des services publics. Cette contrainte juridique n'est cependant pas insurmontable dans la mesure où le gouvernement reste juge du caractère « indispensable » des dotations. Le montant des services votés fait l'objet d'une ouverture globale de crédits pour le budget général.

Au-delà des services votés, le Parlement se prononce sur les mesures nouvelles dans la deuxième partie de la loi de finances. À cette occasion, rien ne l'empêche de revenir sur les services votés en adoptant des mesures nouvelles négatives, c'est-à-dire venant en atténuation des services votés. Pour cela, il faut simplement que les articles ou amendements en ce sens soient « *motivés et accompagnés des développements des moyens qui les justifient* » (art. 42, al. 2 de l'ordonnance de 1959).

Les contraintes résultant de la planification

La planification peut, d'une certaine manière, avoir pour conséquence de créer des contraintes dans la détermination des dépenses de l'État. Toutefois, les incidences financières de la planification ne sont juridiquement des contraintes que dans la mesure prévue par l'ordonnance organique du 2 janvier 1959. Or, celle-ci dispose dans son article 1er :

« *Les plans approuvés par le Parlement, définissant des objectifs à long terme, ne peuvent donner lieu à des engagements de l'État que dans les limites déterminées par des autorisations de programme votées dans les conditions fixées par la présente ordonnance.* »

Même si cet article prévoit également que « *les autorisations de programme peuvent être groupées dans des lois dites "lois de programme"* », les lois de programme ne lient l'État que pour autant que les autorisations de programme qu'elles groupent sont reprises dans la loi de finances. De ces dispositions il résulte que la planification n'est pas une contrainte excessive pour la loi de finances. Toutefois, des efforts ont été faits pour permettre une meilleure articulation entre la planification pluriannuelle et la loi de finances annuelle. Pour cela, la loi du 29 juillet 1982 a réformé la planification, qui s'effectue désormais selon un processus en deux phases :

- **une première loi de plan** fixe les choix stratégiques, les objectifs et les actions nécessaires pour les atteindre sur cinq ans;
- **une seconde loi de plan** détermine les dispositions juridiques et financières pour réaliser les prévisions de la première loi de plan. À ce titre, elle prévoit des ***programmes prioritaires d'exécution du plan*** (PPE). En théorie, le plan national s'articule avec les 26 plans régionaux qui déterminent pour chaque région les objectifs de développement régionaux pour la période d'application du plan national. Il

s'articule aussi avec le développement des entreprises publiques. Ainsi sont contractualisés les rapports de l'État avec d'une part, les régions, et d'autre part, les entreprises publiques par la pratique des ***contrats de plan***. En pratique, la crise de la planification nationale depuis 1993 (XIe Plan non adopté) n'a pas conduit à l'abrogation de la loi de 1982. Cependant, l'aménagement du territoire se fait depuis lors dans un cadre rénové par la loi n° 95-115 du 4 février 1995 modifiée par la loi n° 99-533 du 25 juin 1999. De la réforme de la planification de 1982, subsistent les contrats de plans État-régions par lesquels l'État s'efforce de corriger les inégalités territoriales et de réduire les écarts entre régions. À cet égard, le Comité interministériel d'aménagement et de développement du territoire du 23 juillet 1999, pour les contrats de la période 2000-2006, a réparti 95 milliards de francs entre les régions. Le 22 novembre 1999, une seconde enveloppe de 25 milliards portait les engagements de l'État à 120 milliards de francs (111 pour la répartition régionale, 5 pour les grands programmes régionaux ou interrégionaux, 4 pour les TOM). Le 26 juillet 2000, les 26 contrats de plan étaient signés. Leur contenu (www.datar.gouv.fr) montre que l'aide de l'État par habitant peut varier très sensiblement (6 731 F pour la Corse ; 1 594 F pour la Bourgogne ; 1 386 F pour l'Ile-de-France).

■ Les contraintes résultant de la programmation militaire

Aspect particulier de la planification, la programmation militaire est l'une des principales charges budgétaires de la Ve République. Depuis 1960, il existe au ministère de la Défense une planification à long terme (à 15 ou 20 ans d'échéance). À côté de cet instrument de planification existe la programmation militaire proprement dite, sur cinq ans. Cette programmation se présente sous la forme d'un document secret interne aux armées. La loi de programmation militaire que le Parlement vote ne reprend que partiellement cette programmation.

Depuis 1960, le Parlement a voté neuf ***lois de programme*** (ne comportant que des autorisations de programme en équipement) ou ***de programmation*** (concernant à la fois des crédits d'équipement et de fonctionnement des armées).

La programmation 1992-1997 était prévue (d'après les indications données par Jean-Michel Boucheron, *Paix et Défense*, Dunod, 1992) mais le dernier gouvernement Bérégovoy s'est séparé avant que le Parlement n'ait voté la loi de programmation correspondante. La majorité issue des législatives de mars 1993 a donc adopté ***la loi n° 94-507 du 23 juin 1994 relative à la programmation militaire pour les années 1995 à 2000*** (*JO* du 24 juin). Cette huitième loi de programmation s'appuie largement sur le *Livre blanc sur la Défense* rendu public le 23 février 1994 (La Documentation française, mars 1994). Les lois de programmation pluriannuelles assureront la traduction financière des orientations de ce *Livre blanc*. Toutefois, cette loi, qu'a fait adopter Édouard Balladur, sera remise en cause par son successeur, Alain Juppé, qui suspend la loi de programmation six mois après le début de son application et fait adopter une neuvième loi relative à la programmation pour les années 1997 à 2002 afin de tenir compte de la réforme majeure souhaitée par le nouveau président de la République (loi n° 96-589 du 2 juillet 1996, *JO* du 3 juillet). Cette loi repose sur un double objectif : la réussite de la professionnalisation et de la réorganisation des forces armées, et la poursuite de la modernisation des forces. Avec cette loi, l'enveloppe annuelle des moyens de défense est fixé à 185 milliards de francs constants 1995 (99 milliards de fonctionnement et 86 milliards pour l'investissement) [la loi Balladur prévoyait 205 milliards]. Contrairement à ce que prévoit l'ordonnance de 1959, le champ de la programmation est étendu aux dépenses de fonctionnement de telle sorte que, pour la première fois sous la Ve République, la totalité des moyens mis à la disposition de nos forces armées est programmée (sauf les pensions). Le chef de l'État s'est personnellement engagé à ce que les montants indiqués soient garantis. Toutefois, on observait que dès 1998, le budget de la défense marquait une diminution des seuls crédits d'équipement militaires de près de 7,7 milliards de francs par rapport aux prévisions de la loi de programmation.

La programmation militaire a tenu une place très importante dans les finances publiques de la France. Depuis 1962, cet effort de défense suit l'évolution du PIB. Ces dernières années, les dépenses militaires représentaient entre 3,98 % (1982) et 3,38 % (1994) du PIB. Avec 244,7 milliards de francs demandés pour 2001 pour un PIB estimé à 9 624,4 milliards de francs, le budget de la Défense équivaut à 2,54 % du PIB.

Les contraintes résultant d'engagements internationaux

Les engagements internationaux de la France sont-ils des contraintes pour le budget de l'État ?

- Les **engagements internationaux de droit commun** sont soumis à l'article 53 de la Constitution, qui fixe une première condition de procédure : « *(...) les traités ou accords (...) qui engagent les finances de l'État (...) ne peuvent être ratifiés ou approuvés qu'en vertu d'une loi* ». Tous les traités ou accords approuvés par une loi engagent-ils pour autant le budget de l'État ? À ce propos, il semble que l'ordonnance de 1959 soit beaucoup plus restrictive puisque son article 2 prévoit notamment que : « *Seules les dispositions relatives à l'approbation de conventions financières, aux garanties accordées par l'État, à la gestion de la dette publique, ainsi que de la dette viagère, aux autorisations d'engagements par anticipation ou aux autorisations de programme peuvent engager l'équilibre financier des années ultérieures.* » D'après l'article 27 de l'ordonnance, les opérations résultant de ces engagements sont retracées dans les comptes de règlement avec les gouvernements étrangers.
- Les **engagements internationaux relatifs à la construction européenne** doivent respecter les dispositions précitées même s'ils paraissent plus contraignants en raison des évolutions du droit en ce domaine. Le ***traité sur l'Union euro-***

péenne signé le 7 février 1992 et ratifié par référendum en septembre 1992 avait pour but de permettre la création d'une monnaie unique, l'euro, entre 1997 et 1999. Pour cela, l'inflation et les déficits budgétaires des États membres devaient être limités par application de ***cinq critères de convergence***.

Les cinq critères de convergence : 1°) Le déficit budgétaire devra être inférieur à 3 % du PIB. **2°)** La dette publique devra être inférieure à 60 % du PIB. **3°)** L'inflation ne devra pas s'écarter de plus de 1,5 % du taux moyen des trois pays affichant les meilleurs taux. **4°)** La monnaie devra respecter les marges de fluctuation au sein du SME sans dévaluation pendant deux ans au moins. **5°)** Le niveau de taux d'intérêt à long terme et de taux nominal moyen ne devra pas excéder 2 % de plus que ceux des trois États membres ayant les meilleurs résultats en matière de stabilité des prix.

En appliquant ces critères avec beaucoup de souplesse à l'égard des candidats, la recommandation du Conseil de l'Union européenne n° 98/316/CE, art. 5 (*JO* n° L 139 du 11 mai 1998), a considéré que la France (comme onze autres États) remplissait les conditions pour adopter la monnaie unique à compter du 1er janvier 1999.

Dans la phase de création de la monnaie unique, les instances européennes – le Conseil, sur rapport de la Commission et de l'Institut monétaire européen – avaient été chargées de veiller à l'observation des critères de convergence par les États (article 109 J du Traité CE ; art. 121 aujourd'hui). Le 1er janvier 1994, la ***procédure de surveillance des déficits publics excessifs*** prévue par l'article 104 C du Traité instituant la Communauté européenne (art. 104 aujourd'hui) est entrée en vigueur. Cette procédure, organisée par le règlement (CE) n° 3605/93 du 22 novembre 1993, a été modifiée par le règlement (CE) n° 475/2000 du 28 février 2000 pour définir notamment les termes de « *déficit* », d'« *investissement* », conformément au système européen des comptes nationaux et régionaux dans la Communauté (dénommé « SEC 95 »).

Selon la procédure initiale, la Commission surveillait la situation des finances publiques des États membres à partir de deux notifications adressées avant le 1er mars et avant le 1er septembre de chaque année. Au vu de ces notifications et de ses propres estimations, la Commission élaborait un rapport et adressait une recommandation au Conseil qui statuait à la majorité qualifiée pour déclarer, s'il y avait lieu, un État membre en déficit excessif. Tel fut le cas pour dix États, dont la France, à la suite du Conseil Ecofin du 19 septembre 1994.

Lorsqu'il constate le déficit public excessif, le Conseil adresse des recommandations aux États membres pour que, dans un délai donné, ceux-ci y mettent un terme. Pour la deuxième fois consécutive, la France, alors peu endettée par rapport aux autres États, fit l'objet d'une recommandation de la Commission européenne pour son déficit, le 21 juin 1995, en application de cette procédure (voir : *JO*, Ass. nat., rapport n° 2121 du 30 juin 1995, annexe, spécialement pp. 92 et s.).

En cas de déficit excessif persistant, le Traité prévoit des contraintes et des sanctions dans son article 104 C, paragraphe 11 (obligation de publication d'informations supplémentaires avant que l'État ne puisse émettre des obligations et des titres, révision de la politique de prêts de la Banque européenne d'investissement à l'égard de l'État concerné, obligation pour celui-ci de constituer un dépôt auprès de la Communauté jusqu'à la correction du déficit, amendes).

Après une première phase (1990-1993) marquée par la libération des mouvements de capitaux en 1990 et une deuxième phase (1994-1998) permettant la création de l'Institut monétaire européen, transformé en Banque centrale européenne le 1er juin 1998, l'entrée dans la monnaie unique le 1er janvier 1999 marque la troisième phase de réalisation de l'Union économique et monétaire. Ce passage à l'euro n'a pas conduit l'Union à diminuer sa vigilance à l'égard des finances des États membres. Ainsi, un ***Pacte de stabilité et de croissance*** issu de la résolution adoptée au ***Conseil européen d'Amsterdam*** le 17 juin 1997 a été complété par deux règlements (CE) n° 1466/97 et n° 1467/97 du 7 juillet 1997. Le premier est relatif au renforcement de la surveillance des positions budgétaires ainsi que de la surveillance et de la coordination des politiques économiques ; le second vise à accélérer et clarifier la mise en œuvre de la procédure concernant les déficits excessifs.

Au-delà des aspects techniques de la complémentarité et de la clarification des procédures, le ***Pacte de stabilité et de croissance*** permet au Conseil de sanctionner un État qui ne prendrait pas les dispositions nécessaires pour mettre fin à son déficit excessif (fixé à la valeur de référence de 3 % du PIB). La sanction peut prendre d'abord la forme d'un dépôt sans intérêt auprès de la Communauté, puis d'une amende en cas d'absence de correction l'année suivant la constatation du déficit. Le 15 septembre 1997, par une recommandation du Conseil, la France comme la Belgique, l'Allemagne, la Grèce, l'Espagne, l'Italie, l'Autriche, le Portugal et la Suède ont été mis en demeure de mettre un terme à leur situation de déficit excessif.

La contrainte européenne sur la politique budgétaire de la France est bien réelle. Ainsi, le Conseil de l'Union européenne, dans sa recommandation 98/454/CE du 6 juillet 1998, demande à la France de poursuivre surtout au-delà de 1999 « *des efforts accrus d'ajustement budgétaire* », en précisant que : « *Ces efforts d'assainissement doivent également être accomplis pour stabiliser le ratio de la dette et le placer sur une trajectoire décroissante. La maîtrise des transferts aux ménages et de la consommation publique devrait contribuer à réduire le déficit.* » Dans le même esprit, le règlement 1466/97 impose aux onze États participant à l'euro, donc à la France, de présenter des programmes de stabilité actualisés annuellement et fixant des objectifs budgétaires à moyen terme.

Respectant ces obligations européennes, la France a présenté en janvier

2000 à la Commission le ***Programme pluriannuel de finances publiques 2001-2003***. Ce deuxième programme, après celui établi à l'horizon 2002 (*Les Notes Bleues de Bercy*, n° 154, mars 1999), se fonde sur une perspective de croissance de 2,5 % à 3 % par an. Les dépenses ne devraient pas progresser de plus de 1,3 % par an en volume, pour diminuer le ratio dépenses publiques de 2 à 2,5 % selon l'hypothèse de croissance (*Les Notes Bleues de Bercy*, n° 180, avril 2000).

- **L'ordonnance 59-2 du 2 janvier 1959 doit-elle être adaptée à la construction européenne ?** Des propositions parlementaires de révision de l'ordonnance n° 59-2 du 2 janvier 1959 ont été déposées afin d'instituer ***un contrôle du Parlement français sur le prélèvement sur les recettes de l'État opéré au profit des Communautés européennes*** (propositions n° 2678 de Edmond Alphandéry – qui allait devenir par la suite ministre de l'Économie –, et n° 2749 de Jean Le Garrec, *JO*, Doc. Ass. nat., n° 2830, seconde session ordinaire de 1991-1992, 25 juin 1992). Il a également été proposé de ***compléter l'information des parlementaires français par divers documents budgétaires européens*** (l'avant-projet de budget général des Communautés européennes établi par la Commission des Communautés, le projet de budget établi par le Conseil des ministres en première lecture, le rapport sur l'exécution du budget général présenté par la Commission des Communautés au Parlement européen, le dernier rapport annuel de la Cour des comptes des Communautés européennes), ***ainsi que par deux rapports du gouvernement français*** (l'un justifiant la demande de prélèvement sur les recettes de l'État, l'autre sur la mise en œuvre des perspectives pluriannuelles des Communautés). Ces propositions n'ont pas été définitivement adoptées mais les articles 3 et 4 de la proposition de loi organique n° 2540 du 12 juillet 2000 déposée par Didier Migaud à l'Assemblée nationale, qui vise à réformer intégralement l'ordonnance n° 59-2 du 2 janvier 1959, reprend en droit ces principes déjà réalisés en pratique.

Depuis la loi de finances pour 1993 (art. 57), le législateur de finances tient compte de cette volonté de réforme en incluant un article qui évalue le montant du prélèvement sur recettes au profit des Communautés européennes (99,5 milliards de francs à l'article 28 du projet de loi de finances pour 2001).

En droit interne, le Conseil constitutionnel considère que les ressources communautaires propres fixées par les règlements communautaires échappent aux règles relatives aux impositions nationales et sont obligatoires dans tous leurs éléments (décision n° 77-90 DC, 30 décembre 1977, *Rec.* p. 44), elles n'ont donc pas à figurer en recettes ou en dépenses dans les lois de finances, même s'il n'est pas contraire à la Constitution de permettre au Parlement d'avoir une vue d'ensemble des versements faits au budget des Communautés (décision n° 77-89 DC du 30 décembre 1977, cons. n°s 5 à 9).

Un renforcement du contrôle du Parlement national est d'autant plus nécessaire que le financement de la construction européenne va s'accroître en raison de l'adoption du « Paquet Delors II » par le Conseil européen d'Edimbourg (11-12 décembre 1992). En effet, alors que le « Paquet Delors I » adopté par le Conseil européen de Bruxelles (11-12 février 1988) avait fixé le montant total des ressources propres attribuées par les États membres à un plafond passant de 1,15 % à 1,20 % du PNB communautaire entre 1988 et 1992, le « Paquet Delors II » fonde la programmation budgétaire pour la période 1993-1999 sur des ressources passant de 1,20 % à 1,27 % du PNB communautaire.

Les perspectives budgétaires de l'Union européenne adoptées au Conseil européen de Berlin des 24 et 25 mars 1999 établissent une programmation pluriannuelle des dépenses communautaires pour la période 2000-2006. Le budget communautaire pour 2000 est le premier à avoir été établi selon ces nouvelles perspectives (voir le jaune : « *Relation financière avec l'Union européenne* » dans les documents de la loi de finances pour 2000, sur le site : www.finances.gouv.fr). Le Conseil a maintenu le plafond des dépenses à 1,27 % du PNB sur la période 2000-2006.

LES MÉTHODES D'ÉVALUATION

L'évaluation des dépenses a fait l'objet de nombreuses méthodes, de manière à ne plus se contenter de reconduire purement et simplement le montant des crédits consommés l'année précédente pondéré par un coefficient tenant compte de l'inflation prévisible.

■ La rationalisation des choix budgétaires (RCB)

Les principes inspirés du management des entreprises privées ont été introduits en 1961 par Mac Namara dans le budget du Pentagone sous le nom de « PPBS » (« *Planning, Programming and Budgeting System* ») pour freiner les dépenses de certains services. En France, l'introduction d'une méthode comparable, la RCB, a eu lieu grâce à l'initiative de Michel Debré qui, en janvier 1968, a créé une mission pour la RCB ; un comité assurait le suivi des études de RCB, puis une Commission interministérielle de RCB a été instituée à cette fin par un décret de 1970. Cette commission était relayée par des structures intermédiaires à la Fonction publique et à la Direction du Budget.

La RCB se décompose théoriquement en quatre phases logiques :

– La première phase, dite « ***phase d'étude*** », vise à rechercher et à définir les missions de l'action administrative.

– La seconde phase, dite « ***phase de décision*** », consiste à choisir des objectifs et des programmes liés à ces objectifs. Pour cela, il s'agit de faire l'inventaire des moyens en essayant de minimiser le coût du moyen retenu (bilan entre le coût et les avantages).

– La troisième phase, dite « ***phase d'exécution*** », permet d'appliquer les méthodes de gestion par objectifs. Elle est fondée sur la technique des budgets de programme (voir chapitre précédent). On peut distinguer trois grandes catégories de programmes : les *programmes de réalisation* lorsque l'État est maître d'œuvre (exemple : le programme « routes » du ministère de l'Équipement), les *programmes d'intervention* lorsque le maître d'œuvre n'est pas l'État mais qu'il participe financièrement, les *programmes de soutien* lorsque les activités financées permettent de soutenir l'action du département ministériel. Ainsi, les ministères de l'Éducation nationale et de la Défense élaborent surtout des programme de réalisation. Le ministère des Affaires étrangères élabore surtout des programmes de soutien.

– La quatrième phase, de « ***contrôle et d'information*** », permet de mesurer les effets de l'exécution du programme. Elle permet d'introduire dans l'administration des notions de contrôle de gestion.

En pratique, la logique RCB est mise en œuvre en France au niveau des budgets de programme (blancs budgétaires) de chaque ministère. Elle a certes permis de sensibiliser les administrations à la notion de coût financier, cependant les choix en matière budgétaire n'obéissent que très peu à ces techniques. Le budget de la France est davantage un budget de moyens qu'un budget d'objectifs. Toutefois, la disparition progressive des budgets de programme depuis le milieu des années 1990 fait place à une nouvelle présentation des bleus et des verts ***par agrégats budgétaires*** qui remplit des fonctions comparables à la RCB des années 1970.

■ Le budget base zéro

Le budget base zéro a été adopté par la présidence Carter en 1976 avec la loi *Government, Economy and Spending*, par laquelle il a été demandé au Congrès américain de réévaluer en base zéro tous les cinq ans chaque autorisation de programme. Avec un tel système, il n'y a donc plus reconduction automatique des autorisations de programme d'une année sur l'autre. La France a adopté ce système lors de la préparation du budget 1987. La Direction du Budget a demandé aux ministères dépensiers de justifier chaque franc des dépenses en capital figurant aux titres V et VI en autorisations de programme. La procédure du budget base zéro a été étendue en 1988 aux dépenses d'intervention du titre IV.

B. L'évaluation des recettes

Comme pour les dépenses, l'étude de l'évaluation des recettes de l'État nécessite que soient examinés trois points : la ***nature*** des recettes, les ***contraintes*** en matière de recettes et les ***méthodes d'évaluation*** des recettes.

LA NATURE DES RECETTES DE L'ÉTAT

Les ressources de l'État sont définies par le droit budgétaire.

■ La définition des ressources

D'après l'article 3 de l'ordonnance du 2 janvier 1959 :

« Les ressources permanentes de l'État comprennent :
- *les impôts ainsi que le produit des amendes;*
- *les rémunérations de services rendus, redevances, fonds de concours, dons et legs;*
- *les revenus du domaine et des participations financières ainsi que la part de l'État dans les bénéfices des entreprises nationales;*
- *les remboursements de prêts et avances;*
- *les produits divers. »*

L'essentiel des recettes brutes du budget général de l'État est de nature ***fiscale*** : plus de 1 996,1 milliards de francs prévus en 2001 (soit plus de 90 %). Les recettes ***non fiscales*** ne procurent qu'un peu plus de 206,4 milliards de francs en 2001 (moins de 10 %).

■ La structure des recettes fiscales

Dans la loi de finances initiale pour 2001, avec 825,5 milliards de francs, les ***impôts directs*** représentent moins de 42 % des recettes fiscales, alors que les ***impôts indirects*** s'élèvent à plus de 1 170,5 milliards (soit plus de 58 %).

L'impôt ***direct*** est celui dont le recouvrement est effectué directement par les agents du Trésor, en principe par voie de rôle. Il est établi à la charge de celui qui doit en supporter le prélèvement sans pouvoir être répercuté ensuite sur un tiers. Au contraire, l'impôt ***indirect*** payé par un assujetti peut être répercuté sur un tiers qui est le contribuable effectif (exemple : la TVA).

- Les **principaux impôts directs** sont l'impôt sur le revenu (343,5 milliards de francs en 2001), l'impôt sur les sociétés (326,8 milliards en 2001), la taxe sur les salaires (51,4 milliards en 2001). L'impôt de solidarité sur la fortune rapporte 17,5 milliards de francs en 2001.
- Les **principaux impôts indirects** sont : la taxe sur la valeur ajoutée (901,5 milliards de francs en 2001, soit à elle seule près de 50 % des recettes nettes totales de l'État) et la taxe intérieure sur les produits pétroliers (167,5 milliards en 2001).

■ Les recettes non fiscales

Les recettes non fiscales rapportent 206,4 milliards de francs en 2001. Les principales sont les retenues pour pensions civiles et militaires (27,9 milliards de francs en 2001), les revenus d'exploitations industrielles et commerciales et les revenus des établissements à caractère financier (20 milliards de francs en 2001), les recettes en atténuation des charges de la dette et des frais de trésorerie (plus de 18,5 milliards en 2001), les prélèvements sur les fonds d'épargne gérés par la Caisse des dépôts et consignations (20 milliards en 2001), les recettes de frais d'assiette et de recouvrement des impôts et taxes au profit des collectivités locales et divers organismes (près de 19 milliards de francs en 2001).

LES CONTRAINTES EN MATIÈRE DE RECETTES

Les contraintes juridiques sont celles qui résultent à la fois du droit fiscal et du droit budgétaire. L'ordonnance de 1959 indique quelques règles à respecter en matière de ressources.

- **Pour les ressources fiscales :** d'après l'article 34 de la Constitution, « *la loi fixe les règles concernant : (...) l'assiette, le taux et les modalités de recouvrement des impositions de toute nature* », cette matière pouvant éventuellement faire l'objet d'une loi de finances (art. 1er, al. 3 de l'ordonnance de 1959). C'est la raison pour laquelle l'assiette de l'impôt ne peut être déterminée par simple circulaire, comme l'a indiqué la Cour de cassation à propos de la vignette automobile (Cass., com., 6 avril 1993, req. n° 90-20505, *M. Lovaert*), supprimée pour les particuliers dans la loi de finances pour 2001. Par ailleurs, outre que l'autorisation de percevoir les impôts est annuelle, l'article 4 de l'ordonnance de 1959 prévoit que le rendement des impôts dont le produit est affecté à l'État est évalué par les lois de finances.

  Le Conseil constitutionnel précise ce qu'il faut entendre par « *impositions de toute nature* » au sens de l'ordonnance de 1959. Ainsi, par exemple, les contributions qui forment la contribution sociale généralisée (CSG) constituent des impositions et non des cotisations de sécurité sociale (décision n° 90-285 DC du 28 décembre 1990, cons. n° 9, 24, *Rec.* p. 95 ; CC, déc. n° 2000-437 DC du 19 décembre 2000, cons. n° 7) même si leur produit est versé à la Caisse nationale des allocations familiales et non à l'État.

- **Pour les ressources parafiscales :** les mêmes lois de finances autorisent la perception des taxes parafiscales au-delà du 31 décembre de l'année de leur établissement. Juridiquement, les taxes parafiscales sont celles « *perçues dans un intérêt économique ou social au profit d'une personne morale de droit public ou de droit privé autre que l'État, les collectivités territoriales et leurs établissements publics administratifs* » (art. 4, ord. du 2 janvier 1959). Ces taxes sont établies par décret en Conseil d'État, pris sur le rapport du ministre des Finances et du ministre intéressé. Là encore, le Conseil constitutionnel est amené à qualifier juridiquement certaines ressources et à décider, par exemple, que la redevance de l'audiovisuel a le caractère d'une taxe parafiscale et non d'une imposition et que, par conséquent, il revient seulement à la loi de finances d'en autoriser annuellement la perception au-delà du 31 décembre de l'année de son établissement (décision n° 91-302 DC du 30 décembre 1991, cons. n° 23, *Rec.* p. 137).

- **Pour les redevances, rémunérations pour services rendus et amendes**, l'article 5 de l'ordonnance de 1959 prévoit également un certain nombre de règles à respecter :

« La rémunération des services rendus par l'État ne peut être établie et perçue que si elle est instituée par décret en Conseil d'État pris sur le rapport du ministre des Finances et du ministre intéressé.

« Le produit des amendes, des rémunérations pour services rendus, les revenus du domaine et des participations financières, les bénéfices des entreprises nationales, le remboursement des prêts ou avances et le montant des produits divers sont prévus et évalués par la loi de finances de l'année. »

LES MÉTHODES D'ÉVALUATION

Pendant longtemps, l'évaluation des recettes a été effectuée selon la règle de la pénultième année. Cela consistait à inscrire comme produit probable pour l'exercice à venir les résultats enregistrés lors du dernier budget exécuté.

L'accroissement de la richesse avait pour effet d'aboutir à des prévisions souvent inférieures à la réalité. À partir de 1938, on est passé à des méthodes d'évaluation directe. Ainsi, les Directions du Trésor, des Impôts et des Douanes évaluent le rendement probable de chaque impôt et fournissent ces indications à la Direction du Budget.

Si l'évaluation directe est relativement facile en matière d'impôts directs puisqu'elle est assise sur des revenus dont l'administration fiscale a déjà connaissance au moment de l'élaboration du projet de loi de finances, il n'en va pas de même en matière d'impôts indirects comme la TVA. Dans ce cas, la Direction du Budget doit donc s'en remettre aux hypothèses économiques formulées notamment par la Direction de la Prévision. Or il arrive parfois que certains accidents économiques ne soient pas prévus par les experts de cette Direction (comme, par exemple, le premier choc pétrolier, en 1974).

3. Le calendrier de la préparation du projet de loi de finances

La préparation du budget dans le temps peut être décrite en trois grandes phases :

– le ***cadrage général des perspectives budgétaires***, de janvier à mars-avril (A),

– la ***négociation contradictoire du plafond de dépenses de chaque ministère***, de mai à juillet (B),

– enfin, la ***mise au point détaillée du projet de loi de finances***, de juillet à septembre (C).

A. Le cadrage général des perspectives budgétaires (janvier-avril)

Dans cette première phase, il s'agit de cadrer les perspectives budgétaires à partir de l'évolution des recettes et des dépenses pour en déduire un « solde budgétaire tendanciel ». Dans cette phase essentiellement interne au ministère des Finances, la Direction du Budget parvient à élaborer une « esquisse budgétaire » qui permettra ensuite au Premier ministre d'adresser une lettre de cadrage à chacun des ministères dépensiers.

LES ESQUISSES BUDGÉTAIRES

Pour réaliser ces esquisses budgétaires, la Direction du Budget doit intégrer une série de données qui ne sont pas strictement budgétaires mais qui recouvrent aussi des prévisions macroéconomiques. Pour cela, la Direction du Budget (et plus particulièrement le bureau A1 de la première sous-direction) opère une synthèse entre les divers services du ministère des Finances afin de dégager les orientations générales. Cette synthèse est matérialisée dans des documents internes appelés « Perspectives », établis par chaque responsable de bureau de la Direction du Budget. Cette phase de cadrage donne en général lieu à un Conseil des ministres, en février, au cours duquel sont précisées les orientations du futur budget.

■ Le cadrage des dépenses

Pour cadrer les perspectives en matière de dépenses, la Direction du Budget agit relativement seule. Elle peut s'appuyer sur les verts (budgets votés de l'année précédente) mais non pas sur les résultats effectifs puisque les résultats de l'année $N-2$ ne sont pas tous comptabilisés. D'autres informations en matière de dépenses lui sont également fournies par la Direction du Trésor pour le calcul de la dette et pour l'évaluation des comptes spéciaux du Trésor.

■ Le cadrage des recettes

Pour cadrer les perspectives en matière de recettes, la Direction du Budget joue surtout un rôle de coordination des informations fournies notamment par le Service de la législation fiscale, la Direction générale des Impôts, la Direction des Douanes et la Direction de la Comptabilité publique. Cela lui permet de pratiquer une évaluation directe des recettes en tenant compte également des prévisions macroéconomiques que lui fournit la Direction de la Prévision. Cette première phase interne au ministère des Finances a pour but de déterminer le budget de reconduction (mesures acquises + mesures nouvelles de reconduction). Au terme de cette phase, le ministre des Finances propose au Premier ministre de fixer une enveloppe de mesures totalement nouvelles. Cela va permettre au Premier ministre d'indiquer de façon directive dans sa lettre de cadrage les principes que les ministres devront respecter dans la demande de crédits qu'ils adresseront au ministre du Budget.

LA LETTRE DE CADRAGE

La lettre de cadrage, adressée en général entre fin mars et début mai (le 3 mai 2000 pour préparer la loi de finances pour 2001) par le Premier ministre à l'ensemble des ministres, a plusieurs fonctions.

■ La fixation des objectifs de la politique budgétaire du gouvernement

La lettre de cadrage de Lionel Jospin pour le projet de loi de finances pour 2001 a repris les orientations affichées dans le programme pluriannuel 2001-2003. Ainsi, pour 2001, un objectif de croissance des dépenses de l'État de 0,3 % en volume a été fixé, soit une progression en valeur de 1,2 %, compte tenu d'une inflation prévue de 0,9 %. Le Premier ministre se prononce également pour une réduction du déficit des administrations publiques qu'il établit à 195 milliards de francs en 2001, soit environ 1,2 % du PIB, contre 206 milliards de francs en 2000 (*La Tribune* du 4 mai 2000).

■ La fixation des directives du Premier ministre pour les demandes de crédits des ministres dépensiers

La lettre de cadrage indique clairement aux ministres de quelle manière ils devront formuler leur demande de mesures nouvelles.

Ainsi, la lettre de cadrage d'Édouard Balladur pour 1994 demande aux ministres une « *révision générale des services votés* » et indique : « *La situation budgétaire interdit toute mesure nouvelle qui ne serait pas financée par la remise en cause d'actions devenues obsolètes.* » En contraste avec une volonté affichée de relancer le bâtiment et la construction, le Premier ministre, à propos des dépenses en capital de l'État, s'adresse à ses ministres en ces termes : « *S'agissant des titres V et VI, vous devez justifier au premier franc l'intégralité de vos dotations* »... Le Premier ministre donne aussi une directive générale, sinon de débudgétisation, du moins de désengagement du budget de l'État en incitant au « *redéploiement des actions nationales lorsque celles-ci sont prises en charge par des actions communautaires* » et en invitant les ministres à tenir compte des « *compétences des collectivités locales pour recentrer l'intervention de l'État sur ses missions essentielles* ». Enfin, le Premier ministre informe les ministres que le ministre du Budget adressera à chacun d'eux « *une liste de mesures possibles d'économies* ».

La lettre de cadrage pour la préparation de la loi de finances pour 2001 donne comme directive aux ministres d'améliorer la « *transparence* » dans la présentation des documents budgétaires afin de mieux « *traduire les pro-*

grammes et fonctions de l'État ». L'objectif est d'améliorer la lisibilité, l'impact et l'efficacité des dépenses.

■ L'organisation de la négociation budgétaire

La lettre de cadrage prévoit généralement dans quelles conditions se dérouleront la négociation budgétaire et les arbitrages. Ainsi, la lettre de cadrage du 6 mai 1992 fixait au 20 mai 1992 la limite aux ministres pour adresser leurs propositions à la Direction du Budget, et au 6 juin 1992, la date pour arriver à un accord avec le ministre du Budget. Dans le cas contraire, le Premier ministre adoptait une vision très directive de l'arbitrage puisque le ministre du Budget était invité à lui soumettre des propositions conformes aux orientations définies par la lettre de cadrage. Autrement dit, l'arbitrage budgétaire devait rester limité à l'échelon du ministre du Budget.

Par ailleurs, en même temps que la lettre de cadrage, une circulaire de cadrage plus précise de la Direction du Budget indique aux ministres les dispositions concernant l'organisation des conférences budgétaires et les modalités de présentation du dossier de chaque ministère (exemple : la circulaire de la secrétaire d'État au Budget n° 1A-1C-00-242 du 3 mai 2000 pour le projet de loi de finances 2001; voir rubrique « circulaires budgétaires » sur le site : www.finances.gouv.fr). Cette circulaire se fonde à la fois sur les éléments de la lettre de cadrage et sur les réunions techniques préparatoires organisées dès le mois de février précédent (voir circulaire n° 1A-00-031 du 20 janvier 2000 pour la loi de finances 2001, *idem*).

B. La négociation contradictoire du plafond de dépenses de chaque ministère (mai-juillet)

Lorsque la Direction du Budget est en possession des demandes des ministères, la négociation contradictoire du plafond des dépenses peut s'engager.

LES CONFÉRENCES BUDGÉTAIRES DE PREMIÈRE PHASE

Les conférences budgétaires de première phase avaient initialement pour fonction de fixer le budget de reconduction (budget voté + mesures acquises traditionnelles + mesures nouvelles strictement indispensables). Aujourd'hui, elles ne se contentent plus d'entériner le budget de reconduction puisqu'une discussion s'engage entre chaque gestionnaire de budget de la Direction du Budget et le responsable financier correspondant dans le ministère concerné afin de dégager des économies budgétaires.

Ensuite, la discussion s'oriente sur l'examen relativement précis des mesures nouvelles. En fait, dans cette discussion, l'objectif essentiel de la Direction du Budget est d'éviter toute dérive et d'essayer de dégager des économies budgétaires nettes ou susceptibles d'être redéployées. Les points de désaccord avec le ministre dépensier sont consignés dans le « dossier d'arbitrage » établi par la Direction du Budget. Ce document est utilisé ultérieurement dans le processus décisionnel impliquant les ministres.

LES ARBITRAGES

Lorsque les conférences budgétaires sont terminées, il est souvent nécessaire de recourir aux arbitrages entre le ministère concerné et la Direction du Budget. Avant 1975, il existait toute une pyramide administrative et politique pour l'arbitrage. Aujourd'hui, ce dernier a été considérablement simplifié. En pratique, un premier arbitrage peut avoir lieu chez le directeur du Budget. Au cas où les désaccords persistent, le ministère concerné peut alors recourir à l'arbitrage du ministre chargé du Budget. Aujourd'hui, dans l'ordre, le ministre dépensier peut s'adresser à la secrétaire d'État au Budget, puis, le cas échéant, au ministre de l'Économie, des Finances et de l'Industrie, sous l'autorité duquel est placée la Direction du Budget. Certains arbitrages parviennent au Premier ministre et, excepté en cas de cohabitation, peuvent remonter jusqu'à la présidence de la République, notamment en matière de défense. La tendance semble cependant de déléguer au ministre chargé du Budget l'ensemble des arbitrages, à charge pour lui d'en rendre compte au Premier ministre.

Depuis quelques années, cette phase de la préparation gouvernementale du projet de loi de finances se déroule concomitamment au débat d'orientation budgétaire devant le Parlement (pour la loi de finances 2001, voir le débat du 16 mai 2000 à l'Assemblée nationale et du 6 juin 2000 au Sénat). Bien que ce débat ne donne pas lieu à un vote, le gouvernement doit s'efforcer d'intégrer sur le plan technique des indications politiques données par les parlementaires.

LES LETTRES-PLAFONDS

Entre le 1er et le 15 juillet, le Premier ministre adresse à chaque ministre une lettre-plafond qui fixe l'enveloppe des crédits du ministère et met donc fin, en principe, à toute discussion. Les lettres-plafonds détaillent de manière relativement claire les composantes du budget de chaque ministre. Les crédits reconduits et les économies réalisées font l'objet de développements très précis pour ne pas donner lieu à de nouveaux arbitrages. Les mesures nouvelles sont arrêtées de manière strictement limitative. La lettre-plafond marque le point de départ des conférences budgétaires de seconde phase. Ces conférences vont aboutir à des propositions de ventilation définitive des crédits, compte tenu des plafonds fixés.

C. La mise au point détaillée du projet de loi de finances (juillet-septembre)

De juillet à septembre, il est procédé à la mise au point détaillée du projet de loi de finances par les conférences budgétaires de seconde phase, avant la transmission au Conseil d'État et l'examen par le Conseil des ministres.

LES CONFÉRENCES BUDGÉTAIRES DE SECONDE PHASE

Elles visent surtout à la mise au point définitive des dépenses et des recettes. Dès réception des lettres-plafonds par les ministres dépensiers, la Direction du Budget précise les modalités d'établissement des propositions de dépenses des ministères et l'organisation des conférences budgétaires de deuxième phase (voir, pour la loi de finances 2001, la circulaire de la secrétaire d'État au Budget n° 1A-1C-00-359 du 20 juillet 2000, sur le site : www.finances.gouv.fr à la rubrique « circulaires budgétaires »).

■ La mise au point définitive des dépenses

Les conférences budgétaires de seconde phase ont pour objet, en matière de dépenses, de mettre au point définitivement les masses de crédits dans la limite du plafond fixé par le Premier ministre. À cette occasion sont précisées dans le détail les mesures acquises et les mesures nouvelles, afin de préparer les documents budgétaires. Si, à ce stade, il n'est en principe plus possible de revenir sur ce qui a été fixé dans les lettres-plafonds, ces conférences permettent toutefois d'opérer des redéploiements internes au sein des budgets.

■ La mise au point définitive des recettes

Les conférences budgétaires de seconde phase ont un rôle important dans la mise au point définitive des recettes. Le montant des recettes est décidé le plus tard possible par le gouvernement, entre juillet et septembre, en fonction des relèvements et des allégements fiscaux envisagés et de leur incidence, évaluée par le Service de la législation fiscale. La mise au point des recettes est surtout l'œuvre bilatérale du Premier ministre et du ministre des Finances.

Enfin, lorsque les dépenses et les recettes sont définitivement arrêtées, commence le travail matériel de confection de la loi de finances et des documents budgétaires. Ce travail, réalisé par l'Imprimerie nationale, représente environ 160 documents à gros tirage (46 millions de pages et 100 tonnes de papier).

L'EXAMEN PAR LE CONSEIL D'ÉTAT ET LE CONSEIL DES MINISTRES

Comme tous les projets de loi, le projet de loi de finances, conformément à l'article 39 de la Constitution, est délibéré en Conseil des ministres après avis du Conseil d'État. La mission du Conseil d'État est d'assister le gouvernement dans la préparation du texte qui sera ensuite soumis à l'Assemblée nationale. La Direction du Budget lui adresse donc le projet de loi de finances par le biais du Secrétaire général du gouvernement.

Du point de vue de la procédure, le Premier ministre a l'habitude de déclarer l'urgence sur le projet de loi de finances, en application de l'article 22 du décret du 30 juillet 1965. Lorsque l'urgence est déclarée, cela a pour effet de saisir la Commission permanente du Conseil d'État. Ainsi au lieu que le projet soit examiné successivement par la Section des Finances, puis par l'Assemblée générale du Conseil d'État, seule est amenée à se prononcer la Commission permanente composée alors du vice-président du Conseil d'État, du président de la Section des Finances, de douze conseillers d'État ainsi que de maîtres des requêtes et d'auditeurs.

Dans son examen au fond, le Conseil d'État veille surtout à la régularité formelle de la présentation de la loi de finances. Son attention porte principalement sur le contenu des articles ayant un contenu normatif (articles fiscaux notamment). Il essaie de faire en sorte qu'il n'y ait pas d'articles « cavaliers » (sans objet financier). Il veille à ce qu'une disposition fiscale rétroactive ne contienne pas de pénalités, par exemple. Lorsque des articles de la loi de finances sont en contrariété avec d'autres dispositions dont le gouvernement ne souhaite pas l'abrogation, le rapporteur général peut jouer un rôle important pour débloquer la situation. Le Conseil d'État peut toujours soulever une objection constitutionnelle dans la rédaction du projet et alerter le gouvernement sur les risques de contrariété entre le projet et la Constitution ou l'ordonnance de 1959 ou avec le principe de sincérité budgétaire.

Enfin, en général après le 15 septembre, le Conseil des ministres délibère sur le projet de loi de finances qu'il transmet ensuite pour le premier mardi d'octobre au bureau de l'Assemblée nationale (Conseil des ministres du 20 septembre 2000 pour la loi de finances 2001). La phase parlementaire d'adoption de la loi de finances peut alors commencer.

4

L'adoption de la loi de finances

La loi de finances est adoptée selon une procédure particulière (section 1) qui, depuis la Ve République, marque une réelle limitation des pouvoirs du Parlement (section 2) et se caractérise aussi par l'émergence d'un droit constitutionnel budgétaire, grâce à l'apport considérable de la jurisprudence du Conseil constitutionnel en matière financière (section 3).

1. Les caractères généraux de la procédure budgétaire

Les caractères généraux de la procédure budgétaire sont marqués par l'encadrement très strict des délais de vote et de lecture du projet de loi de finances (A), ainsi que par une organisation très précise de la discussion budgétaire (B).

A. L'encadrement strict des délais de vote et de lecture

Les délais de dépôt, de vote et de lecture du projet de loi de finances sont définis par l'article 47 de la Constitution ainsi que par les articles 38 et 39 de l'ordonnance 59-2 du 2 janvier 1959. De ce point de vue, les textes précités et la jurisprudence constitutionnelle permettent de décomposer la procédure en trois moments importants : le délai de dépôt du projet, le délai global de vote par le Parlement, les délais de lecture et d'examen par chaque chambre.

LE DÉLAI DE DÉPÔT DU PROJET

L'article 47 de la Constitution ne fixe pas le délai de dépôt du projet de loi de finances : il est donc nécessaire de se reporter à la loi organique. De ce point de vue, il faut distinguer selon les différentes catégories de lois de finances.

■ La loi de finances initiale

En ce qui concerne la loi de finances initiale, l'article 38 de l'ordonnance organique dispose :

« *Le projet de loi de finances de l'année y compris le rapport et les annexes explicatives prévus à l'article 32 est déposé et distribué au plus tard le premier mardi d'octobre de l'année qui précède l'année d'exercice du budget.* »

En pratique, il est arrivé au gouvernement de ne pas respecter cette règle, s'agissant de certaines annexes explicatives, à l'occasion de l'adoption de la loi de finances pour 1983. Le Conseil constitutionnel n'a cependant pas estimé qu'il y avait là inconstitutionnalité.

En effet, « *en prévoyant que les documents annexés au projet de loi de finances doivent être mis à la disposition des membres du Parlement au plus tard le premier mardi d'octobre, l'article 38 de l'ordonnance a pour objet d'assurer leur information en temps utile pour leur permettre de se prononcer sur le projet de loi de finances dans les délais prévus à l'article 47 de la Constitution.* » Or, en l'espèce, « *le retard invoqué, à le supposer établi, n'a pu avoir pour effet de priver le Parlement de l'information à laquelle il a droit pendant toute la durée dont il dispose pour l'examen de la loi de finances* » (décision n° 82-154 DC du 29 décembre 1982, cons. n°s 2 et 3, *Rec.* p. 80). Le gouvernement peut même compléter son projet de loi de finances par une lettre rectificative déposée après le premier mardi d'octobre. Dans cette hypothèse, l'irrégularité n'entraîne pas inconstitutionnalité si les délais d'examen de chacune des chambres en première lecture sont respectés (quarante jours pour l'Assemblée et quinze jours pour le Sénat) et à la condition que les mesures nécessaires à la continuité de la vie nationale soient prises avant le début de l'exercice. Le Conseil veille en outre à ce que les parlementaires aient bien reçu une information suffisante, même s'il admet qu'il n'y a pas d'obligation constitutionnelle de délai quant au dépôt des annexes jaunes (décision n° 90-285 DC du 28 décembre 1990, cons. n°s 11 à 16, *Rec.* p. 95).

Par ailleurs, on notera que l'article 47 alinéa 4 de la Constitution prévoit que si la loi de finances initiale n'a pas été déposée en temps utile pour être promulguée avant le début de l'exercice, « *le gouvernement demande d'urgence au Parlement l'autorisation de percevoir les impôts et ouvre par décret les crédits se rapportant aux services votés* ». Dans cette hypothèse, l'article 44 de l'ordonnance de 1959 modifiée par la loi organique n° 95-1292 du 16 décembre 1995, laisse au gouvernement deux possibilités. Il peut « *demander à l'Assemblée nationale, avant le 11 décembre de l'année qui précède celle de l'exécution du budget, d'émettre un vote séparé sur l'ensemble de la première partie de la loi de finances de l'année. Ce projet de loi partiel est soumis au Sénat selon la procédure d'urgence.* » Si cette procédure n'aboutit pas ou n'est pas suivie, le gouvernement, « *avant le 19 décembre de l'année qui précède celle de l'exécution du budget* », doit déposer « *devant l'Assemblée nationale un projet de loi spécial l'autorisant à percevoir les impôts existants jusqu'au vote de la loi de finances de l'année. Ce projet est discuté selon la procédure d'urgence.* » Si elle est adoptée, la proposition de loi organique n° 2540 du 12 juillet 2000 permettra d'ouvrir par décrets les crédits applicables aux seuls services votés.

Les lois de finances rectificatives

En ce qui concerne les projets de lois de finances rectificatives, en raison de leur caractère facultatif, les textes ne prévoient pas de délai à respecter quant à leur dépôt. La seule limite de bon sens est qu'ils doivent être déposés de manière à être adoptés avant la fin de l'exercice auquel ils se rapportent. La question a été soulevée de savoir si le Parlement n'avait pas compétence liée par la Constitution et l'ordonnance de 1959 pour déposer une loi de finances rectificative dans une hypothèse où il avait pris une loi portant diverses dispositions d'ordre économique et financier.

Le Conseil constitutionnel impose de recourir à une loi de finances rectificative dans deux séries d'hypothèses. D'une part, « *lorsqu'il y a intervention, en cours d'exercice, soit de décrets d'avances pris sur le fondement des articles 10 ou 11 de l'ordonnance n° 59-2, soit d'arrêtés d'annulation de crédits pris en application de l'article 13 de cette ordonnance, soit de mesures affectant l'exécution du budget, leurs incidences budgétaires doivent être soumises à la ratification du Parlement dans le cadre d'une loi de finances rectificative avant la fin de l'exercice en cause, sous réserve de l'application de l'article 35 de l'ordonnance 59-2 concernant les lois de règlement* ». D'autre part, « *une loi de finances rectificatives doit être déposée dans le cas où il apparaît que les grandes lignes de l'équilibre économique et financier définies par la loi de finances de l'année se trouveraient, en cours d'exercice, bouleversées* » (décision n° 91-298 DC du 24 juillet 1991, cons. n° 9, *Rec.* p. 82).

Enfin, notons que : « *Si aucun projet de loi de finances rectificative n'est déposé avant le 1er juin, le gouvernement adresse au Parlement, au plus tard à cette date, un rapport sur l'évolution de l'économie nationale et des finances publiques* » (art. 38 al. 3 de l'ordonnance du 2 janvier 1959 modifiée par la loi organique n° 95-1292 du 16 décembre 1995).

Les lois de règlement

Pour les lois de règlement, le projet est « *déposé et distribué au plus tard à la fin de l'année qui suit l'année d'exécution du budget* ». On sait que cette disposition de la loi organique n'est respectée que depuis 1968, pour le budget de 1966. Cette obligation est aujourd'hui plus facilement sanctionnée par le juge constitutionnel depuis la révision constitutionnelle de 1974 qui permet un meilleur respect de la Constitution sur ce point.

Pour adopter la loi de règlement du budget de 1999, l'amélioration des délais de connaissance des comptes (CGAF de 1999 connu le 13 avril 2000 ; comptes définitifs des ministres connus le 26 avril 2000) a permis à la Cour des comptes de faire connaître à l'Assemblée nationale son rapport sur l'exécution de la loi de finances 1999 dès le 30 juin 2000. Ce rapport ainsi que la déclaration générale de conformité adoptée le 9 juin 2000 ont été déposés à l'Assemblée nationale. Le rapport de l'Assemblée nationale sur le règlement du budget 1999 (Ass. nat., rapport n° 2601) a donc pu être mis en distribution dès le 9 octobre 2000, soit au moment de la discussion du projet de loi de finances pour 2001.

LE DÉLAI GLOBAL DE VOTE : LA RÈGLE DES SOIXANTE-DIX JOURS

Le délai global de vote du projet de loi de finances est fixé à soixante-dix jours par l'article 47 alinéa 3 de la Constitution. Ce délai, qui vaut pour les lois de finances initiales, a été étendu aux lois de finances rectificatives (décision n° 86-209 DC du 3 juillet 1986, cons. n°s 3, 4 et 5, *Rec.* p. 86) mais non aux lois de règlement (décision n° 83-161 DC du 19 juillet 1983, cons. n° 3, *Rec.* p. 47 ; décision n° 85-190 DC du 24 juillet 1985, cons. n°s 1 à 3, *Rec.* p. 53). Il ne s'agit pas d'un délai franc (*JO*, Déb. Ass. nat., 1959, p. 2274). Le délai court à compter du dépôt du projet et non de sa distribution aux députés.

La pratique de la Ve République donna lieu à des difficultés en deux occasions : d'abord en 1962, lorsque l'annonce par le général De Gaulle de sa volonté de soumettre au référendum l'élection au suffrage universel direct du président de la République provoqua l'adoption d'une motion de censure le 5 octobre 1962 et la dissolution de l'Assemblée le 9 octobre 1962 ; ensuite, en 1979, après l'annulation par le Conseil constitutionnel de la loi de finances pour 1980 (décision n° 79-110 DC du 24 décembre 1979, *Rec.* p. 36).

Dans l'hypothèse où « *le Parlement ne s'est pas prononcé dans le délai de soixante-dix jours après le dépôt du projet, les dispositions de ce dernier peuvent être mises en vigueur par ordonnance* » (ord. de 1959, art. 39, al. 6). On notera qu'il ne s'agit là que d'une faculté pour le gouvernement, qui reste libre de mettre son projet en vigueur par voie d'ordonnance ; cela ne s'est, à ce jour, jamais produit. Par ailleurs, l'obligation pour le Parlement de se prononcer dans les soixante-dix jours n'est pas une obligation de voter le projet. Le Parlement peut très bien, au moins en théorie, repousser le projet de loi de finances. L'hypothèse ne s'est, là aussi, encore jamais présentée.

DÉLAIS DE PREMIÈRE LECTURE ET D'EXAMEN PAR CHAQUE CHAMBRE

Les délais de première lecture varient d'une chambre à l'autre. Si l'Assemblée nationale dispose bien de quarante jours, en revanche le Sénat ne dispose que de vingt ou quinze jours en fonction de l'attitude de l'Assemblée nationale. Le

Conseil constitutionnel interprète cette règle de manière assez souple (CC, décision n° 97-395 DC du 30 décembre 1997, cons. n° 7, *Rec.* p. 333).

Les quarante jours de l'Assemblée nationale

Le délai des quarante jours est fixé négativement dans l'article 47 alinéa 2 de la Constitution, qui prévoit l'hypothèse où l'Assemblée ne se serait précisément pas prononcée en première lecture dans les quarante jours. L'article 39 alinéa 1er de l'ordonnance de 1959 dispose :

> « *L'Assemblée nationale doit se prononcer, en première lecture, dans le délai de quarante jours après le dépôt d'un projet de loi de finances.* »

Il est cependant possible que l'Assemblée nationale ne respecte pas le délai des quarante jours. Dans ce cas, le gouvernement doit saisir le Sénat du texte qu'il a initialement présenté, modifié le cas échéant par les amendements votés par l'Assemblée nationale et acceptés par lui. Cette irrégularité ne vicie la procédure que si elle a pour conséquence de modifier le délai minimal de quinze jours du Sénat en première lecture (décision n° 86-209 DC du 3 juillet 1986, cons. nos 3, 4 et 5, *Rec.* p. 86).

Les vingt ou quinze jours du Sénat

La Constitution ne prévoyait pas directement le délai de première lecture réservé au Sénat. Elle n'évoquait, dans son article 47 alinéa 2, qu'un délai de quinze jours dans la seule hypothèse où l'Assemblée nationale ne se serait pas prononcée dans les quarante jours. Tout cela a changé avec la loi organique n° 71-474 du 22 juin 1971, qui modifie l'article 39 de l'ordonnance de 1959. Ainsi, l'article 39 alinéa 2 de l'ordonnance de 1959, dans sa nouvelle rédaction, dispose : « *Le Sénat doit se prononcer dans un délai de vingt jours après avoir été saisi.* » En résumé, il existe désormais deux grandes hypothèses : soit l'Assemblée s'est prononcée dans les quarante jours et, dans ce cas, le Sénat dispose à son tour de vingt jours pour examiner le projet en première lecture ; soit l'Assemblée n'a pas respecté la règle des quarante jours et, dans ce cas, le Sénat ne dispose que de quinze jours comme le prévoit la Constitution.

Bien entendu, les délais d'examen par chaque chambre en première lecture doivent permettre de respecter le délai global de vote du Parlement (les soixante-dix jours). Enfin, il faut noter que les délais sont suspendus lorsque le Parlement n'est pas en session (par exemple : en cas de dissolution, comme en 1962).

B. L'organisation de la discussion budgétaire

L'organisation de la discussion budgétaire est marquée par trois traits dominants : la priorité dont dispose l'Assemblée nationale, le rôle important des commissions parlementaires de chaque assemblée, la discussion en séance publique en deux phases.

LA PRIORITÉ À L'ASSEMBLÉE NATIONALE

Cette priorité résulte directement de la Constitution qui, en son article 39 alinéa 2, dispose : « *Les projets de loi de finances sont soumis en premier lieu à l'Assemblée nationale.* » Ce principe de priorité a été rappelé par le Conseil constitutionnel, y compris en matière d'amendement (décision 76-73 DC du 28 décembre 1976, cons. n° 2, *Rec.* p. 41). En effet, il est interdit au gouvernement de soumettre en première lecture au Sénat une mesure financière entièrement nouvelle, sous forme d'amendement.

N'est pas entièrement nouvelle une disposition qui se borne, « *dans le cadre de la législation existante* », à modifier des coefficients pour la majoration de valeurs locatives prévues en application de l'article 1518 *bis* du Code général des impôts (décision n° 93-320 DC précitée, cons. n° 11) ou qui modifie les modalités de paiement d'un impôt sur les spectacles (décision n° 95-369 DC du 28 décembre 1995, cons. n°s 21 à 23, *JO* du 31 décembre, pp. 19099 et s.). De même, le gouvernement ne méconnaît pas le principe de priorité lorsqu'il informe la commission mixte paritaire d'amendements futurs, dès lors que ces amendements sont soumis en premier à l'Assemblée nationale lors des lectures ultérieures (décision n° 82-155 DC du 30 décembre 1982, *Rec.* p. 88).

L'EXAMEN DU PROJET PAR LES COMMISSIONS PARLEMENTAIRES

Devant chacune des chambres, le projet de loi de finances est immédiatement renvoyé à l'examen d'une Commission parlementaire (art. 38 de l'ordonnance de 1959). Ce sont les commissions des finances de chaque assemblée qui jouent en la matière un rôle clé. Toutefois, comme le prévoit le règlement de l'Assemblée nationale, « *toute commission peut désigner un ou plusieurs de ses membres à l'effet de participer, avec voix consultative, aux travaux de la Commission des finances pendant l'examen des articles de loi ou des crédits ressortissant à sa compétence* » (art. 117). De plus, il est prévu qu'« *avant l'examen de chaque budget particulier, le rapporteur spécial de la Commission des finances peut être convoqué devant la commission dont la compétence correspond à ce budget afin d'y présenter un exposé de ses dispositions. Il doit mentionner dans son rapport les observations présentées par les membres de cette dernière commission* ». En définitive, si l'examen du projet de loi de finances en commission consacre le rôle prépondérant de la Commission des finances, un dialogue s'instaure avec les autres commissions.

Pour l'adoption de la loi de finances pour 2001, sept budgets (économie et finances, enseignement supérieur, intérieur, jeunesse et sports, justice, logement, ville) ont été examinés du 19 octobre au 14 novembre 2000, selon une procédure expérimentale, à l'occasion de commissions élargies à l'ensemble des députés, auxquelles ont participé les ministres concernés.

Les parlementaires de la Commission des finances sont assistés par une dizaine de fonctionnaires parlementaires qui aident la commission à établir le rapport général sur la politique économique du gouvernement et sur le projet de loi de finances. Pour l'établissement de ce rapport, le rapporteur général s'occupe surtout des questions relatives aux recettes alors que chaque rapporteur spécial examine les crédits du ministère qu'il suit.

Dès le début de l'été, les commissions des finances adressent aux différents ministres des questionnaires très détaillés, par l'intermédiaire de la Direction du Budget.

LA DISCUSSION EN SÉANCE PUBLIQUE

La discussion en séance publique se déroule en deux phases qui correspondent aux deux parties du projet de loi de finances. Cette obligation découle de l'article 40 de l'ordonnance de 1959, qui dispose :

« *La seconde partie de la loi de finances de l'année ne peut être mise en discussion devant une assemblée avant le vote de la première partie.* »

Le Conseil constitutionnel veille strictement au respect de cette règle.

■ La discussion sur la première partie

Concrètement, la discussion sur la première partie dure un peu plus d'une semaine. Elle porte sur les ressources, le plafond des grandes catégories de dépenses et surtout sur les données générales de l'équilibre financier. La discussion a lieu article par article. Avant de se prononcer sur chaque amendement, la parole est donnée au gouvernement, au rapporteur général de la Commission des finances et à un orateur d'avis contraire.

En application de l'article 118 du règlement de l'Assemblée nationale :

« *À l'issue de l'examen des articles de la première partie de la loi de finances, et avant de passer à l'examen de la seconde partie, il peut être procédé (...) à une seconde délibération de tout ou partie de la première partie.* »

Cette seconde délibération est de droit si elle est demandée par le gouvernement ou par la Commission des finances.

En tout état de cause, la seconde partie ne peut être mise en discussion sans que soit garanti le principe fondamental de l'***équilibre économique et financier*** posé par l'article 1er de l'ordonnance 59-2 du 2 janvier 1959 (décision n° 79-110 DC du 24 décembre 1979, *Rec.* p. 36).

Ce principe « *tend à garantir qu'il ne sera pas porté atteinte, à l'occasion de l'examen de la seconde partie, aux grandes lignes de l'équilibre préalablement défini, tel qu'il a été arrêté par le législateur* » (décision n° 92-309 DC du 9 juin 1992, cons. n° 8, *Rec.* p. 66). Toutefois, une ressource fiscale non prévue dans la première partie peut figurer dans la seconde partie de la loi de finances sans remettre en cause le principe d'équilibre lorsque son produit n'est pas versé à l'État donc est sans effet sur les ressources de l'État (décision n° 90-285 DC du 28 décembre 1990, cons. n°s 17 à 20, *Rec.* p. 95).

■ La discussion sur la seconde partie

La seconde partie fixe le montant des crédits applicables aux services votés et aux autorisations nouvelles par ministère, ainsi que les opérations des budgets annexes. À cette occasion, les exposés des rapporteurs spéciaux puis les questions des députés obligent chaque ministre à expliquer sa gestion. Les crédits concernant chaque ministère et chaque titre sont ensuite mis aux voix. Une seconde délibération permet éventuellement au gouvernement de modifier le projet de budget sur certains points.

2. La limitation du pouvoir du Parlement

Les constituants de 1958 ont voulu limiter le pouvoir du Parlement. La loi de finances ne fait pas exception à cette tendance générale. De ce point de vue, la limitation du pouvoir budgétaire du Parlement sous la Ve République concerne autant le contenu du budget (A) que la procédure budgétaire proprement dite (B).

A. Les limitations tenant au contenu du budget

Les limitations des pouvoirs du Parlement tenant au contenu du budget s'expliquent non seulement par une répartition des compétences financières beaucoup plus favorable au gouvernement, mais aussi par la précision du contenu de la loi de finances et par les limitations du droit d'amendement.

UNE RÉPARTITION DES POUVOIRS FAVORABLE AU GOUVERNEMENT

La Constitution de 1958 a strictement délimité le domaine de la loi. Tout ce qui n'est pas constitutionnellement du domaine de la loi, soit en raison de l'article 34, soit en raison d'autres articles de la Constitution ou de principes dégagés par le juge constitutionnel, relève de la compétence réglementaire du gouvernement. Ainsi, si l'article 34 de la Constitution dispose que « *la loi fixe (...) l'assiette, le taux et les modalités de recouvrement des impositions de toute nature* », la jurisprudence constitutionnelle, en s'appuyant sur l'ordonnance organique de 1959, a considérablement réduit la portée de cette prescription. En matière de recettes, les rémunérations ou redevances pour services rendus ne relèvent pas du Parlement. De même, les taxes parafiscales définies par l'article 4 de l'ordonnance de 1959 sont créées par le gouvernement qui est également compétent pour en déterminer le taux (décision n° 60-8 DC du 11 août 1960, *Rec.* p. 25); le Parlement ne retrouve sa compétence que pour en autoriser la perception au-delà de l'année de création. Dans tous ces domaines financiers, le gouvernement peut opposer l'irrecevabilité de l'article 41 de la Constitution au cas où le Parlement chercherait à s'immiscer dans le domaine réglementaire.

LE CRITÈRE MATÉRIEL DE LA LOI DE FINANCES ET L'INTERDICTION DES CAVALIERS BUDGÉTAIRES

Les lois de finances ont un contenu précis fixé par l'article 1er de l'ordonnance de 1959 qui prévoit qu'elles « *déterminent la nature, le montant et l'affectation des ressources et des charges de l'État (...)* ». Tout ce qui ne concerne pas cet objet ou d'autres matières prévues par l'ordonnance de 1959 (exemple : autorisation de percevoir les taxes parafiscales au-delà du 31 décembre, etc.), ne doit pas figurer dans une loi de finances. On notera que les mesures fiscales peuvent figurer tant dans une loi de finances que dans une loi fiscale ordinaire.

On appelle ***cavaliers budgétaires*** les dispositions qui n'ont aucun caractère financier mais que certains parlementaires ou le gouvernement cherchent à faire intégrer dans la loi de finances. Pour les parlementaires, l'intérêt est stratégique : si le cavalier passe inaperçu, il est adopté rapidement avec la loi de finances. Si le cavalier est démasqué, il est alors réorienté vers la procédure législative ordinaire. Dans ce dernier cas, et sous certaines conditions fixées par l'article 119 du règlement de l'Assemblée nationale, il a encore des chances d'aboutir rapidement puisqu'il fait l'objet d'un débat d'office à la suite de la loi de finances. S'agissant des cavaliers introduits par les ministres, le ministère le plus souvent sanctionné est celui de l'Éducation nationale (décision n° 85-201 DC du 28 décembre 1985, cons. n° 4, *Rec.* p. 85, intégration du personnel enseignant dans le corps des instituteurs; décision n° 85-203 DC du 28 décembre 1985, cons. n° 7, *Rec.* p. 87).

La jurisprudence du Conseil constitutionnel offre de très nombreux exemples de cavaliers budgétaires (le contrôle par la Cour des comptes des œuvres et organismes faisant appel à la générosité publique, décision n° 90-285 DC du 28 décembre 1990, cons. nos 59 et 60, *Rec.* p. 95, l'extension des pouvoirs de contrôle des agents du service de la redevance de l'audiovisuel, décision n° 91-302 DC du 30 décembre 1991, cons. nos 22 à 24, *Rec.* p. 137. Voir aussi les décisions n° 94-351 du 29 décembre 1994 pour la loi de finances pour 1995, cons. n°s 27 et 28; n° 99-424 DC du 29 décembre 1999 pour la loi de finances pour 2000, cons. n° 64, n ° 2000-442 DC du 28 décembre 2000, loi de finances pour 2001, cons. n°s 33 à 37).

LA LIMITATION DU DROIT D'AMENDEMENT À INCIDENCE FINANCIÈRE

L'article 40 de la Constitution dispose :

« *Les propositions et amendements formulés par les membres du Parlement ne sont pas recevables lorsque leur adoption aurait pour conséquence soit une diminution des ressources publiques, soit la création ou l'aggravation d'une charge publique.* »

- **En matière de dépenses,** ***toute augmentation de charge est strictement interdite***, *même si elle est compensée par une ressource nouvelle* (décision n° 63-21 DC du 12 mars 1963, cons. n° 4, *Rec.* p. 29), *même dans le but d'assurer le contrôle des dépenses publiques* (décision n° 85-203 DC du 28 décembre 1985, cons. n°s 2 à 4, *Rec.* p. 87).

Par ailleurs, la notion de charge publique est largement interprétée puisque le Conseil constitutionnel y inclut celles relatives aux régimes d'assistance et de sécurité sociale visées antérieurement par l'article 10 du décret du 19 juin 1956 (décision n° 60-11 DC du 20 janvier 1961, cons. n° 1, *Rec.* p. 29). Pour apprécier s'il y a aggravation d'une charge, le Conseil constitutionnel se réfère à l'état des charges tel qu'il figure dans le projet du gouvernement, et non à l'état de droit existant lors du dépôt du projet de loi (décision n° 63-21 DC du 12 mars 1963, cons. n° 2).

En revanche, ***il est toujours possible de supprimer une charge***. Cette suppression s'apprécie par rapport à l'état du droit existant. De même, ***il est également possible de réduire une charge***. Cette réduction s'apprécie par rapport au texte du gouvernement. Ce dernier laisse habituellement au président de la Commission des finances une masse de crédits de quelques centaines de millions de francs, « la réserve parlementaire », pour permettre aux membres de la Commission des finances de proposer des augmentations de crédits reprises sous forme d'amendements dans le texte du gouvernement.

- **En matière de recettes,** ***on peut diminuer une ressource en la compensant par l'augmentation d'une autre ressource*** de telle sorte qu'il n'y ait pas globalement diminution « des » ressources. Autrement dit, la diminution d'une recette doit être gagée par des augmentations au moins équivalentes d'une ou plusieurs autres recettes. Il faut que l'augmentation compensatrice de ressources soit réelle et immédiate (décision n° 76-64 DC du 2 juin 1976, cons. n° 1, *Rec.* p. 21). Il est admis également par tradition que les parlementaires puissent proposer une augmentation de ressources moindre que celle voulue par le gouvernement malgré l'article 42 de l'ordonnance organique qui dispose :

« *Aucun article additionnel, aucun amendement à un projet de loi de finances ne peut être présenté, sauf s'il tend à supprimer ou à réduire effectivement une dépense, à créer ou à accroître une recette ou à assurer le contrôle des dépenses publiques.* »

L'examen de recevabilité des amendements varie selon les chambres.
À l'Assemblée nationale, les amendements font l'objet d'un examen préalable à leur dépôt. La décision déclarant un amendement irrecevable est prise par le président de la Commission des finances, ce qui a pour effet de ne mettre ni en distribution ni en discussion l'amendement en cause. Au Sénat, au contraire, tous les amendements sont non seulement distribués mais aussi discutés. C'est au gouvernement qu'il appartient, en cours de discussion, d'invoquer l'exception d'irrecevabilité sur laquelle statue collégialement la Commission des finances. L'interdiction de déposer des amendements contraires aux articles 40 de la Constitution et 42 de l'ordonnance vaut non seulement pour les parlementaires mais aussi pour le gouvernement (décision n° 76-74 DC du 28 décembre 1976, cons. n°s 9 et 10, *Rec.* p. 45). Cependant, le Conseil constitutionnel accepte les modifications présentées par le gouvernement sous forme non pas d'article additionnel ou d'amendement mais de lettre rectificative (décision n° 88-250 DC du 29 décembre 1988, *Rec.* p. 267). Enfin, on notera que l'inconstitutionnalité d'une disposition qui serait contraire à l'article 40 de la Constitution et à l'article 42 de l'ordonnance organique n'est plus soulevée d'office comme c'était le cas dans la jurisprudence constitutionnelle antérieure (décision n° 73-51 DC du 27 décembre 1973, *Rec.* p. 25). Aujourd'hui, elle ne peut être invoquée devant le Conseil constitutionnel que si elle a déjà fait l'objet d'une exception d'irrecevabilité au cours de la procédure budgétaire (décision n° 83-164 DC du 29 décembre 1983, cons. n° 42, *Rec.* p. 67).

B. Les limitations relatives à la procédure budgétaire

Les limitations des pouvoirs du Parlement ne résultent pas seulement du contenu de la loi de finances : nombre d'entre elles ont été introduites par la procédure budgétaire de la Ve République. Par ailleurs, les mécanismes du vote de la loi de finances par la globalisation des votes semblent limiter le pouvoir réel d'intervention des parlementaires sur le contenu du projet.

L'ORGANISATION CONSTITUTIONNELLE DE LA PRÉPONDÉRANCE GOUVERNEMENTALE

Dans la procédure législative ordinaire, on sait que le gouvernement dispose de nombreuses armes pour faire admettre son point de vue par les chambres (cf. cours et manuels de droit constitutionnel, 1re année). Par ailleurs, les mécanismes constitutionnels lui assurent également la possibilité de ne pas perdre le contrôle de son projet dans les rapports entre les deux chambres.

■ Le gouvernement, maître de la procédure budgétaire

L'***article 42 de la Constitution*** est particulièrement significatif : « *La discussion des projets de loi porte, devant la première assemblée saisie, sur le texte présenté par le gouvernement.* » Il n'est donc plus de risque pour ce dernier de voir venir en discussion un texte entièrement réécrit par la Commission des finances. Cette dernière ne peut que présenter des modifications dans un document distinct de celui discuté. L'***article 48 de la Constitution***, qui donne au gouvernement la maîtrise de l'ordre du jour, s'applique aussi en matière budgétaire. L'***article 44 de la Constitution*** donne aux parlementaires mais aussi au gouvernement la possibilité d'amender le projet de loi de finances. Ce droit d'amendement doit bien entendu respecter les contraintes, précédemment étudiées, des articles 40 de la Constitution et 42 de l'ordonnance organique. Il doit également respecter la répartition constitutionnelle des pouvoirs financiers entre le Parlement et le gouvernement, sous peine pour les parlementaires de se voir opposer l'***irrecevabilité de l'article 41 de la Constitution***. D'une façon plus générale, le droit d'amendement est totalement sous le contrôle du gouvernement. Celui-ci peut d'une part, « *s'opposer à l'examen de tout amendement qui n'a pas été antérieurement soumis à la commission* », d'autre part, obtenir le vote bloqué « *sur tout ou partie du texte en discussion en ne retenant que les amendements proposés ou acceptés par le gouvernement* » (***article 44 alinéa 3 de la Constitution***). Cette procédure du vote bloqué est constamment utilisée en matière budgétaire. Le gouvernement dispose également de l'arme ultime de l'***article 49 alinéa 3*** :

> « *Le Premier ministre peut, après délibération du Conseil des ministres, engager la responsabilité du gouvernement devant l'Assemblée nationale sur le vote d'un texte. Dans ce cas, ce texte est considéré comme adopté, sauf si une motion de censure, déposée dans les vingt-quatre heures qui suivent, est votée* »...
>
> Pour être recevable, cette motion doit être « *signée par un dixième au moins des membres de l'Assemblée. Le vote ne peut avoir lieu que quarante-huit heures après son dépôt. Seuls sont recensés les votes favorables à la motion de censure qui ne peut être adoptée qu'à la majorité des membres composant l'Assemblée.* »

Cette procédure de l'article 49 alinéa 3, souvent utilisée en matière budgétaire (exemples : projets de loi de finances initiale pour 1960, 1980, 1990, 1991, 1992, et pour 1993 en première lecture le 18 novembre 1992; projets de loi de finances rectificatives pour 1962, 1976, 1986, etc.), ne l'est plus depuis 1997.

Le gouvernement, maître des navettes entre les chambres

Avec l'article 45 de la Constitution et l'article 39 de l'ordonnance organique, le gouvernement dispose de moyens importants pour faire prévaloir son point de vue en contrôlant la procédure des navettes parlementaires. Il peut utiliser la ***procédure d'urgence de l'article 45 alinéa 2 de la Constitution*** après une seule lecture par l'Assemblée nationale et le Sénat. Il provoque ainsi la réunion d'une ***commission mixte paritaire*** (CMP). Celle-ci, composée de sept sénateurs et de sept députés et autant de suppléants, doit parvenir à un texte de compromis acceptable par les deux chambres en proposant un texte sur les dispositions restant en discussion. Le gouvernement est libre de ne pas réunir la commission mixte paritaire, mais le projet doit cependant être adopté à l'expiration du délai de soixante-dix jours et, en tout état de cause, les recettes doivent être assurées avant le début de l'exercice afin de respecter le principe de continuité de la vie nationale.

En pratique, la commission mixte paritaire est toujours réunie pour les lois de finances initiales (sauf pour la première partie de la loi de finances pour 1963). D'ailleurs, l'article 39 alinéa 5 de l'ordonnance de 1959 institue de droit la procédure d'urgence sous certaines conditions. L'article 39 alinéa 4 de l'ordonnance indique : « *Si le Sénat n'a pas émis un vote en première lecture sur l'ensemble du projet de loi de finances dans le délai imparti* (c'est-à-dire vingt ou quinze jours selon que l'Assemblée s'est elle-même prononcée ou non dans les quarante jours du dépôt du projet), *le gouvernement saisit à nouveau l'Assemblée du texte soumis au Sénat, modifié le cas échéant par les amendements votés par le Sénat* » et acceptés par le gouvernement. Dans ce cas, l'article 39 alinéa 5 de l'ordonnance 1959 prévoit : « *Le projet de loi de finances est ensuite examiné selon la procédure d'urgence dans les conditions prévues par l'article 45 de la Constitution.* » Autrement dit, et contrairement à la procédure législative ordinaire (Constitution, art. 45, al. 2), la procédure d'urgence intervient ici de droit après une seule lecture par chacune des chambres, lorsque celles-ci ne parviennent pas à un accord. Cette procédure d'urgence de plein droit ne s'applique pas aux lois de règlement (décision n° 85-190 DC du 24 juillet 1985), lesquelles restent soumises à la procédure de l'article 45 alinéa 2 de la Constitution : le gouvernement ne peut donc réunir une commission mixte paritaire qu'après deux lectures par chaque chambre, ou après une seule lecture s'il a déclaré l'urgence, mais l'urgence doit être déclarée (décision n° 91-300 DC du 20 novembre 1991).

Lorsque la commission mixte paritaire se réunit, quatre cas peuvent se présenter :

– Un texte de compromis de la CMP est élaboré mais n'est pas transmis par le gouvernement dans les quinze jours aux chambres : la navette continue. Ce cas ne s'est jamais produit.

– Un texte de compromis de la CMP est transmis aux chambres et adopté par elles : le projet de loi de finances est adopté.

– Un texte de compromis de la CMP est transmis par le gouvernement aux chambres mais repoussé par l'une d'elles : le gouvernement dispose alors des moyens prévus à l'article 45 alinéa 4 de la Constitution. Ainsi, il peut demander à l'Assemblée nationale de statuer définitivement après une nouvelle lecture du texte par chaque chambre. L'Assemblée reprend soit le texte de la CMP, soit le dernier texte voté par elle, modifié le cas échéant par un ou plusieurs amendements adoptés par le Sénat.

– La CMP ne parvient pas à élaborer de texte de compromis : dans ce cas, le gouvernement dispose des moyens prévus à l'article 45 alinéa 4 de la Constitution (l'Assemblée nationale statue seule après une nouvelle lecture de chaque chambre sur le dernier texte voté par elle, modifié par un ou plusieurs amendements adoptés par le Sénat).

Dès lors qu'une commission mixte paritaire est constituée, le gouvernement dispose du pouvoir important de ne pas donner son accord à la recevabilité d'un amendement (art. 45 al. 3). Par ailleurs, il est libre de soumettre ou non le texte de compromis à l'approbation des chambres. D'une façon plus générale, la procédure budgétaire renforce le rôle du gouvernement au détriment de celui du Parlement, et, au sein du Parlement, elle privilégie l'Assemblée nationale sur le Sénat. Le Sénat essaie tout de même de conserver une certaine influence : il a, par exemple, repoussé l'ensemble des crédits inscrits au projet de loi de finances pour 1968 et il utilise régulièrement son droit d'amendement.

Le rôle du Parlement est-il pour autant négligeable dans la décision budgétaire ? C'est ce que pourrait laisser croire l'organisation du vote de la loi de finances, mais en réalité, il semble bien qu'il faille nuancer ce point de vue.

LA GLOBALISATION DES VOTES ET LA RÉALITÉ DU POUVOIR DES PARLEMENTAIRES

Contrairement à la procédure budgétaire des régimes politiques antérieurs où l'on votait les dépenses par chapitre, l'article 41 de l'ordonnance organique prévoit une globalisation des votes. Cela ne supprime pas le pouvoir des parlementaires, même si, en pratique, le nombre des votes sur le projet de loi de finances est ramené à 200 contre 3 000 sous la IIIe République et 5 000 à la fin de la IVe République.

■ La globalisation des votes

En application de l'article 40 de l'ordonnance de 1959, le Parlement doit d'abord voter la première partie de la loi de finances avant de procéder aux votes sur la seconde partie. Les règlements des assemblées ne peuvent exclure cette obligation, qui s'applique même aux lois de finances rectificatives (décision n° 92-309 DC du 9 juin 1992, *Rec.* p. 66).

L'article 41 alinéa 1er de l'ordonnance organique de 1959 dispose :

« *Les évaluations de recettes font l'objet d'un vote d'ensemble pour le budget général et d'un vote par budget annexe ou par catégorie de comptes spéciaux.* »

On sait que la discussion de la première partie a lieu article par article, avec, pour chaque article, la discussion des amendements. On sait également que le dernier article de la première partie qui fixe les conditions générales de l'équilibre financier est important. Une fois cette première partie votée, il peut être procédé à une seconde délibération de tout ou partie de la première partie (art. 118 et 101 du Règlement de l'Assemblée nationale). Cette seconde délibération est de droit si elle est demandée par le gouvernement.

En ce qui concerne la seconde partie de la loi de finances, l'article 41 alinéas 2 et suivants donne ces précisions :

« Les dépenses du budget général font l'objet d'un vote unique en ce qui concerne les services votés, d'un vote par titre et à l'intérieur d'un même titre par ministère, en ce qui concerne les autorisations nouvelles.

« Les dépenses des budgets annexes et des comptes spéciaux du Trésor sont votées par budget annexe ou par catégorie de comptes spéciaux et éventuellement par titre dans les mêmes conditions que le budget général. »

En pratique, les prescriptions de l'ordonnance ont été tournées en ce qui concerne les autorisations nouvelles et ***les députés ne votent pas par titre et par ministère mais par ministère et par titre***. Cette globalisation du vote au niveau du ministère d'abord et du titre ensuite a parfois été qualifiée de vote bloqué en matière financière. On a cru que les parlementaires ne pourraient ni remettre en cause les services votés pour lesquels ils se prononcent par un seul vote ni les autorisations nouvelles pour lesquelles ils votent par titre. La pratique montre qu'il n'en est rien.

Les pouvoirs des parlementaires

Les parlementaires ont tout d'abord la possibilité de revenir sur les services votés. En effet, l'article 32 de l'ordonnance organique décrivant les annexes fait état des « *mesures nouvelles qui justifient les modifications proposées au montant antérieur des services votés* ». Par ailleurs, l'article 43 de l'ordonnance évoque la compétence liée du gouvernement dans les décrets de répartition par les annexes explicatives « *compte tenu des votes du Parlement* ».

1°) Les parlementaires sont donc juridiquement fondés à revenir sur les services votés (voir Dominique Strauss-Kahn, « Réflexions sur l'application de la loi organique par le Parlement », *RFFP*, 1989, n° 26, pp. 49-57). Pour cela, il suffit qu'ils les remettent en cause lors du vote des autorisations nouvelles ***en adoptant des mesures nouvelles négatives***, à condition de réduire effectivement une dépense et de justifier cette réduction, c'est-à-dire concrètement en indiquant à quel chapitre du bleu relatif à l'annexe des services votés du ministère concerné doit s'imputer cette réduction.

2°) Les parlementaires peuvent remettre en cause les autorisations nouvelles en deçà du titre en utilisant leur droit d'amendement. En effet, lorsque le Parlement examine par titre les autorisations nouvelles d'un ministère donné, deux cas peuvent se présenter. Premier cas : aucun amendement n'est déposé, chaque assemblée adopte alors en bloc le montant des demandes gouvernementales, et, par conséquent, leur répartition par chapitre telle qu'elle figure dans l'annexe bleue correspondante. Deuxième cas : un ou plusieurs amendements sont déposés dans l'une ou l'autre chambre. Pour être recevable, l'amendement ne devra être pas être cavalier et devra réduire effectivement une dépense. Il appartiendra donc au parlementaire de faire connaître, comme précédemment pour les services votés, le chapitre budgétaire sur lequel s'impute cette réduction.

En définitive, on doit remarquer que les parlementaires utilisent fréquemment leur droit d'amendement.

L'examen du projet de loi de finances pour 1996 a permis de faire adopter en commission, le 11 octobre 1995, un amendement d'un député de l'UDF visant à réduire de 4 milliards de francs les dépenses de l'État. Bien que cet amendement ne se soit finalement traduit que par 2 milliards d'économie à l'issue de la discussion budgétaire, cet exemple montre que le gouvernement peut être amené à des compromis non négligeables lors du débat parlementaire (*Le Monde*, 26 décembre 1995).

Une fois le projet de loi de finances adopté, il n'est pas rare qu'il fasse l'objet d'un examen par le Conseil constitutionnel.

3. Le contrôle de constitutionnalité des lois de finances

Le contrôle de constitutionnalité des lois de finances tend à la création d'un véritable droit budgétaire constitutionnel (A), le juge constitutionnel a même été jusqu'à annuler le projet de loi de finances en 1980, montrant par là que son contrôle n'est plus une simple formalité (B).

A. Le développement de la jurisprudence constitutionnelle budgétaire

Les développements relativement récents de la jurisprudence constitutionnelle ont permis l'élaboration d'un droit constitutionnel budgétaire incontournable.

(Voir : Conseil constitutionnel, *Trente ans de jurisprudence 1959-1988*, éd. Imprimerie nationale, pp. 595-635; *Jurisprudence du Conseil constitutionnel, tables quinquennales 1989-1993*, Dalloz, 1994, pp. 343-357; *Recueil des décisions du Conseil constitutionnel*, publié chaque année par l'Imprimerie nationale jusqu'à l'année 1992 et par les éditions Dalloz depuis 1993; les décisions sont également publiées au *Journal officiel* et sur le site internet du Conseil constitutionnel : www.conseil-constitutionnel.fr; ajouter : Étienne Douat, « Droit constitutionnel financier », fasc. 1461, *Juris Classeur administratif*, Éditions Techniques, 1994; Loïc Philip, *Les fondements constitutionnels des finances publiques*, Economica, 1995).

Le juge constitutionnel interprète tous les grands principes du droit budgétaires repris par l'ordonnance de 1959, dont le nouveau principe de sincérité budgétaire (voir chap. 1, section 2, E). Son contrôle varie en fonction de la catégorie de loi de finances concernée : il est plus étendu sur l'élaboration des lois de finances initiales et rectificatives que sur les lois de règlement.

LE CONTRÔLE ÉTENDU DES LOIS DE FINANCES INITIALES ET RECTIFICATIVES

Le Conseil constitutionnel est de nombreuses fois saisi en matière de loi de finances. Dans ces hypothèses, il doit fréquemment se prononcer sur des questions relatives à la fiscalité. (Voir Loïc Philip, *Droit fiscal constitutionnel*, Economica, 1990.)

Un des principaux motifs de saisine au fond consiste à lui demander de faire respecter le ***principe d'égalité des citoyens devant la loi et devant l'impôt*** (exemples : décision n° 95-369 DC du 28 décembre 1995, cons. n°s 6 à 10, sur l'inconstitutionnalité d'un abattement fiscal visant à faciliter la transmission d'entreprises ; n° 99-424 DC du 29 décembre 1999, cons. n° 49, à propos d'une taxe pour activité commerciale saisonnière non salariée ne tenant pas compte de la durée d'installation). Dans ce cas, le Conseil constitutionnel considère que le principe d'égalité n'interdit pas au législateur de traiter différemment des situations comparables mais distinctes. De même, il admet la constitutionnalité d'une disposition fiscale rétroactive. En revanche, le Parlement ne peut déléguer au gouvernement sa compétence pour fixer la date d'application d'une mesure fiscale nouvelle (décision n° 86-223 DC du 29 décembre 1986, *Rec.* p. 184).

En dehors des questions fiscales que soulève l'examen des lois de finances, le Conseil constitutionnel, comme on l'a déjà signalé, veille au ***respect scrupuleux des règles de la procédure budgétaire***. À cette occasion, il accepte de contrôler la conformité des lois de finances aux dispositions non pas seulement de la Constitution mais aussi de l'ordonnance organique de 1959. Ainsi, il censure les cavaliers budgétaires contraires à l'article 42 de l'ordonnance (exemple : décision n° 99-424 DC du 29 décembre 1999, cons. n° 64). Il veille au respect de la présentation de la loi de finances et adopte une notion restrictive des services votés (décision n° 74-53 DC du 30 décembre 1974, cons. n° 2, *Rec.* p. 23). Il contrôle strictement la constitutionnalité des dispositions de la loi de finances relatives aux opérations des comptes spéciaux du Trésor (décision n° 75-60 DC du 30 décembre 1975, *Rec.* p. 28).

LE CONTRÔLE LIMITÉ DES LOIS DE RÈGLEMENT

Si l'ensemble du régime constitutionnel relatif aux lois de finances s'applique strictement en matière de lois de finances initiales et rectificatives, le Conseil constitutionnel est moins exigeant pour les lois de règlement.

Ainsi, il écarte l'application des règles relatives aux délais car l'objet des lois de règlement n'est pas de permettre qu'interviennent en temps utile les mesures d'ordre financier nécessaires à la continuité de la vie nationale. Les lois de règlement n'ont qu'un caractère rétrospectif (décision n° 83-161 DC du 19 juillet 1983, *Rec.* p. 47). Pour les mêmes raisons, la procédure d'urgence applicable de plein droit dans les conditions fixées par l'article 39 de l'ordonnance de 1959 ne concerne pas les lois de règlement. La réunion d'une CMP doit donc obéir aux conditions générales prévues par l'article 45 de la Constitution, c'est-à-dire après deux lectures si le gouvernement n'a pas déclaré l'urgence (décision n° 85-190 DC du 24 juillet 1985, *Rec.* p. 53 : annulation intégrale de la loi de règlement du budget 1983). Enfin, il considère « *que les irrégularités pouvant affecter les opérations d'exécution du budget* » au vu desquelles s'exerce le pouvoir de décision du Parlement sont « *sans influence sur la conformité à la Constitution des dispositions de la loi de règlement qui prennent en compte lesdites opérations* » (décision n° 91-300 DC du 20 novembre 1991, Rec. p. 130).

Quel que soit le degré de contrôle des différentes variétés de lois de finances, il n'en demeure pas moins qu'il peut arriver au Conseil constitutionnel d'annuler une loi de finances.

B. L'inconstitutionnalité de la loi de finances

Lorsque le Conseil constitutionnel est saisi pour se prononcer sur l'inconstitutionnalité d'une loi de finances, l'hypothèse la plus fréquente est que l'inconstitutionnalité n'affecte pas l'ensemble du texte, mais il peut cependant arriver qu'une inconstitutionnalité rejaillisse sur l'ensemble du texte.

L'INCONSTITUTIONNALITÉ PARTIELLE DE LA LOI DE FINANCES

La loi de finances se présente sous la forme d'un texte rédigé en articles. Or il se peut que les auteurs de la saisine ne demandent au Conseil constitutionnel de censurer qu'une ou quelques-unes des dispositions du projet. Le Conseil constitutionnel va alors examiner la requête et, contrairement au Conseil d'État qui ne peut statuer au-delà de la demande de la requête, le Conseil constitutionnel se reconnaît même la possibilité de soulever d'office certains moyens d'inconstitutionnalité qui n'auraient pas été invoqués par la saisine. Toutefois, on notera que, s'agissant des irrecevabilités de l'article 40 de la Constitution et de l'article 42 de l'ordonnance de 1959, ni les auteurs de la saisine ni le Conseil ne pourront les invoquer si elles n'ont pas préalablement été soulevées au cours de la procédure budgétaire. Cela étant, à l'issue de l'examen de la constitutionnalité d'une loi de finances, le Conseil constitutionnel peut estimer qu'un ou plusieurs articles sont inconstitutionnels. Il vérifie alors si les articles inconstitutionnels sont ou non séparables de l'ensemble de la loi de finances. Dans l'affirmative, il les déclare seuls inconstitutionnels, ce qui a pour effet de ne pas faire tomber l'intégralité de la loi de finances. Celle-ci peut alors être promulguée, amputée des articles inconstitutionnels. Le président de la République pourrait aussi demander une nouvelle délibération de la loi visant à mettre en conformité avec la Constitution la disposition jugée inconstitutionnelle par le Conseil constitutionnel.

L'ANNULATION INTÉGRALE DE LA LOI DE FINANCES POUR 1980

Avec la décision n° 79-110 DC du 24 décembre 1979 (*Rec.* p. 36), l'annulation de la loi de finances pour 1980 n'a pas résulté de l'inconstitutionnalité de l'un de ses articles qui aurait rejailli sur l'ensemble du texte mais d'une banale question de procédure. C'est pourquoi les commentateurs de cette décision ont pu la juger excessive.

- **La décision n° 79-110 DC du 24 décembre 1979.** La fin de la session budgétaire d'automne 1979 avait conduit le groupe RPR à refuser de voter le budget, faute pour le gouvernement Barre d'avoir réalisé 2 milliards d'économie. Ainsi, le dernier article de la première partie de la loi de finances sur les conditions de l'équilibre général du budget n'avait pas été voté. Malgré cela, la seconde partie fut mise en discussion par Jacques Chaban-Delmas, président de l'Assemblée, qui y était tenu par le règlement de l'Assemblée, alors que le Premier ministre, hospitalisé, ne pouvait employer l'article 49 alinéa 3 qui aurait permis de contraindre le groupe RPR à adopter la première partie du texte avant la seconde.

  Cependant, l'engagement de la responsabilité du gouvernement n'eut lieu qu'au terme de l'examen total du projet. Le Premier ministre convalescent engagea la responsabilité du gouvernement sur la première partie du texte après avoir demandé une seconde délibération sur cette première partie, puis il engagea ensuite la responsabilité du gouvernement sur l'ensemble du texte. La procédure suivie contrevenait ainsi directement à l'article 40 de l'ordonnance de 1959 qui dispose de manière tout à fait précise : « *La seconde partie de la loi de finances de l'année ne peut être mise en discussion devant une assemblée avant le vote de la première partie.* »

  Il y eut donc saisine du Conseil constitutionnel, non seulement par l'opposition socialiste qui voulait faire annuler la loi de finances, mais aussi par Jacques Chaban-Delmas, président de l'Assemblée nationale, qui voulait savoir comment interpréter la contradiction entre l'article 40 de la loi organique, lequel interdisait de passer à la seconde partie de la loi de finances, et le Règlement de l'Assemblée nationale, qui ne lui permettait pas de revenir sur l'article litigieux de la première partie non adopté. Finalement, le Conseil constitutionnel invita l'Assemblée nationale à revoir son règlement intérieur pour qu'un mécanisme permette, dans la procédure budgétaire, de revenir sur un article de la première partie non adopté grâce à une seconde délibération (cons. n° 6). L'article 118 du Règlement de l'Assemblée nationale a été modifié en ce sens. Par ailleurs, le Conseil a estimé que les dispositions de la loi de finances avaient été adoptées mais sans que celles de « *la première partie, puis celles de la seconde partie aient pu l'être de façon distincte et successive comme l'aurait exigé l'article 40 de l'ordonnance du 2 janvier 1959* ». Il annula par conséquent l'ensemble de la loi de finances.

- **Les conséquences de l'annulation de la loi de finances.** Avec cette décision, l'État se retrouvait donc le 24 décembre 1979 sans loi de finances, et aurait été dans l'impossibilité juridique de faire fonctionner l'administration, n'ayant pas l'autorisation de percevoir les impôts. Cette situation exceptionnelle, non prévue par la Constitution ni par l'ordonnance, conduisit à une convocation du Parlement en session extraordinaire pour adopter la loi de finances. Avant cela, il fallait bien assurer la continuité des services publics, c'est pourquoi le gouvernement demanda au Parlement de voter un projet de loi spécial l'autorisant à continuer à percevoir des recettes. Ce nouveau texte donna lieu à une nouvelle saisine suivie par une autre décision importante du Conseil constitutionnel (décision n° 79-111 DC du 30 décembre 1979, *Rec.* p. 39). Avec cette nouvelle décision, le Conseil constitutionnel reconnaît que : « *Bien qu'elle ne soit pas au nombre des lois mentionnées à l'article 2 de l'ordonnance du 2 janvier 1959, cette loi, tout comme les lois prévues à l'article 4, 1er et 2e, de cette ordonnance, doit être considérée comme une loi de finances, au sens de l'article 47 de la Constitution ; (...) en effet, les dispositions qu'elle comporte sont de celles qui figurent normalement dans une loi de finances; (...) ainsi, elle constitue un élément détaché, préalable et temporaire de la loi de finances pour 1980.* » La loi de finances définitive fut finalement adoptée le 18 janvier 1980 (loi n° 80-30 du 18 janvier 1980, *JO* du 19 janvier 1980).

Une fois la loi de finances adoptée, promulguée par le président de la République et publiée au *Journal officiel*, il reste à la mettre en œuvre.

5

La mise en œuvre de l'autorisation budgétaire

Comment est mise en œuvre l'autorisation budgétaire donnée par le Parlement ? Pour répondre à cette question, il est nécessaire de distinguer entre les différents types de crédits ouverts par les lois de finances (section 1) avant d'envisager la mise en œuvre de l'autorisation budgétaire, non seulement dans l'espace, c'est-à-dire la manière dont sont ventilés les crédits entre les différentes administrations de l'État (section 2), mais aussi dans le temps en fonction de l'évolution des besoins des administrations (section 3).

1. Les crédits ouverts par les lois de finances

L'ordonnance organique de 1959 permet de distinguer trois grandes catégories juridiques de crédits (A) qui ont un régime juridique distinct, ce qui entraîne un certain nombre de conséquences quant à leur utilisation (B).

A. Les trois grandes catégories juridiques de crédits

Les crédits correspondent à une somme ouverte aux différents ministres pour ordonnancer les dépenses de leurs services en fonction de l'autorisation donnée par la loi de finances. À ce propos, l'article 8 de l'ordonnance de 1959 dispose : « *Les crédits sont évaluatifs, provisionnels ou limitatifs.* »

À ces trois catégories de crédits, certains auteurs ajoutent également une quatrième catégorie : les crédits *optionnels* ou *optatifs* parfois ouverts par certaines lois de finances (voir Louis Trotabas et Jean-Marie Cotteret, *Droit budgétaire et comptabilité publique*, Dalloz, 1991, 4e éd., n° 59). Appartiendraient par exemple à cette dernière catégorie les crédits rassemblés dans le Fonds d'Action conjoncturel de la loi de finances de 1970 ou dans le Fonds de Régulation budgétaire (circulaire de la Direction du Budget du 22 décembre 1981). En réalité, les crédits rassemblés dans le FAC ou dans le FRB n'ont aucun fondement juridique. Ils correspondent à une pratique contestable dans la mesure où ils privent les ministres de la libre disposition des crédits autorisés par les lois de finances. Par ailleurs, ils font obstacle à ce que soit précisée une répartition par titre et par chapitre dans la présentation de la loi de finances, en raison du caractère futur et incertain des opérations auxquelles ils sont destinés (décision n° 76-73 DC du 28 décembre 1976, cons. n° 4, *Rec.* p. 41). En effet, le FAC et le FRB sont des instruments permettant au gouvernement de constituer des réserves de crédits budgétaires pour agir sur l'exécution de la loi de finances.

LES CRÉDITS ÉVALUATIFS

D'après l'article 9 de l'ordonnance de 1959 :

« Les crédits évaluatifs servent à acquitter les dettes de l'État résultant de dispositions législatives spéciales ou de conventions permanentes approuvées par la loi. Ils s'appliquent à la dette publique, à la dette viagère, aux frais de justice et aux réparations civiles, aux remboursements, aux dégrèvements et aux restitutions, ainsi qu'aux dépenses imputables sur les chapitres dont l'énumération figure à un état spécial annexé à la loi de finances. »

Ces crédits correspondent en réalité à des obligations de l'État qui résultent des lois ou de conventions permanentes approuvées par des lois. L'État ne peut se soustraire à de telles obligations. Il se doit donc de garantir la dette publique ainsi que les pensions de ses personnels (dette viagère), les cotisations sociales (part État), les prestations sociales qu'il verse. De même, il est tenu de s'acquitter des obligations financières résultant de réparations civiles, de remboursements, de dégrèvements et de restitutions prévues ou approuvées par les lois. On trouve également dans ces dépenses le montant de la réparation de préjudices résultant de la contamination par le virus du Sida en cas de transfusion. Ces dépenses obligatoires qui font l'objet de crédits évaluatifs sont regroupées dans des chapitres qui figurent à l'état annexé F de la loi de finances (tableau des dépenses auxquelles s'appliquent des crédits évaluatifs).

LES CRÉDITS PROVISIONNELS

L'article 10 de l'ordonnance de 1959 indique que :

« Les crédits provisionnels s'appliquent aux dépenses dont le montant ne peut correspondre exactement à la dotation inscrite dans la loi de finances parce que les dépenses afférentes à ces crédits sont engagées en vertu d'une loi ou d'un règlement contresigné par le ministre des Finances. La liste des chapitres dont les dotations ont un caractère provisionnel est donnée chaque année par la loi de finances. »

Pour simplifier, on peut dire que les crédits provisionnels sont ceux qui ne peuvent être évalués précisément lors de l'élaboration du projet de loi de finances. En effet, ces crédits correspondent à des dépenses liées à des événements qui ne dépendent pas directement de la volonté de l'État. C'est le cas, par exemple, des dépenses relatives aux frais de réceptions et voyages exceptionnels, des crédits pour le financement des partis et groupements politiques ou encore des secours d'extrême urgence aux victimes de calamités publiques. Si l'administration sait a priori qu'elle doit prévoir de telles dépenses, en revanche elle ne peut précisément en évaluer le montant pour la période d'exécution de la loi de finances. L'état annexé G de la loi de finances dresse un tableau des dépenses auxquelles s'appliquent des crédits provisionnels.

LES CRÉDITS LIMITATIFS

Dans le budget de l'État, les crédits sont en principe limitatifs puisque l'article 11 définit les crédits limitatifs comme étant tous ceux qui ne sont ni évaluatifs ni provisionnels. Leurs montants sont alors fixés à des plafonds qui ne peuvent, en principe, pas être dépassés en cours d'exécution du budget. Cependant, l'ordonnance de 1959 prévoit, sous certaines conditions, diverses possibilités pour le gouvernement ou le ministre des Finances de s'affranchir des contraintes liées aux crédits limitatifs.

B. Le régime juridique des crédits

La distinction des trois catégories de crédits a des conséquences sur leur régime juridique, à la fois quant à leur présentation comptable et quant à leur utilisation par les administrations.

LA PRÉSENTATION COMPTABLE DES CRÉDITS

La première conséquence de la distinction des différents types de crédits, c'est qu'il n'est pas possible de les grouper sur le même chapitre budgétaire.

Autrement dit, un chapitre budgétaire ne peut comprendre que des crédits appartenant à une même catégorie. On trouve donc des chapitres groupant des crédits limitatifs (exemple : les chapitres de dépenses de fonctionnaires), des chapitres groupant des crédits évaluatifs (exemple : les chapitres consacrés aux intérêts de la dette publique) et des chapitres groupant des crédits provisionnels (exemple : les chapitres de financement des partis politiques).

LES RÈGLES D'UTILISATION DE CHAQUE CATÉGORIE DE CRÉDIT

Les règles d'utilisation qui s'appliquent à chaque catégorie de crédits sont de plus en plus contraignantes selon que l'on traite de crédits évaluatifs, provisionnels ou limitatifs.

■ Les règles d'utilisation des crédits évaluatifs

D'après l'article 9 alinéa 2 de l'ordonnance de 1959 :

> « *Les dépenses auxquelles s'appliquent des crédits évaluatifs s'imputent, au besoin, au-delà de la dotation inscrite aux chapitres qui les concernent.* »

Ces crédits ne sont inscrits dans les lois de finances que pour un montant indicatif. Le dépassement de crédits évaluatifs ne nécessite par conséquent aucune procédure spéciale.

■ Les règles d'utilisation des crédits provisionnels

Contrairement aux règles applicables aux crédits évaluatifs, les administrations ne peuvent, sur les chapitres contenant des crédits provisionnels, dépenser au-delà des montants inscrits sur lesdits chapitres. Ainsi, l'article 10 de l'ordonnance de 1959 prévoit que :

> « *Les dépenses sur crédits provisionnels ne peuvent être ordonnancées que dans la limite des crédits ouverts.* »

Cependant, ce principe est assoupli en raison de la nature provisionnelle de ces crédits. Ainsi, le même article 10 prévoit que :

> « *S'il est constaté en cours d'année que ces crédits sont insuffisants, ils peuvent être complétés, par arrêté du ministre des Finances, par prélèvement sur le crédit global pour dépenses éventuelles. En cas d'urgence, si ces prélèvements sont eux-mêmes insuffisants, des crédits supplémentaires peuvent être ouverts par décrets d'avances pris sur le rapport du ministre des Finances et dont la ratification est demandée au Parlement dans la plus prochaine loi de finances.* »

Les dépassements de crédits provisionnels ne sont donc pas interdits, mais ils doivent être autorisés par une loi de finances. Ainsi, les dépassements de crédits provisionnels s'imputent normalement sur le crédit global pour dépenses éventuelles prévu dans la loi de finances initiale. Cependant, lorsque le crédit global pour dépenses éventuelles ne suffit pas et qu'il y a urgence, le gouvernement peut recourir à la pratique des décrets d'avances mais à condition qu'une loi de finances viennent ensuite ratifier les dépassements résultant des décrets d'avances.

■ Les règles d'utilisation des crédits limitatifs

En principe, comme l'indique l'article 11 de l'ordonnance de 1959 :

> « *Les dépenses sur crédits limitatifs ne peuvent être engagées et ordonnancées que dans la limite des crédits ouverts.* »

Cependant, l'ordonnance prévoit qu'il peut exister des dispositions spéciales prévoyant un engagement par anticipation sur les crédits de l'année suivante.

Par ailleurs, si les crédits limitatifs ne peuvent être dépassés, il est toujours ***possible de les modifier***. Cette modification ne peut intervenir, en principe, que par la voie d'une loi de finances.

Toutefois, en respectant divers articles de l'ordonnance de 1959, le gouvernement peut aussi : procéder à des transferts de crédits d'un service à un autre (art. 14) ; virer des crédits à l'intérieur d'un même titre budgétaire sous certaines réserves (art. 14) ; reporter des crédits d'une année sur l'autre (art. 17) ; majorer les crédits limitatifs se rapportant aux dépenses d'exploitation et aux investissements des budgets annexes, à la double condition de ne pas modifier l'équilibre budgétaire prévu par la dernière loi budgétaire et qu'il n'en résulte pas une charge supplémentaire pour les années suivantes (art. 21) ; compléter les ressources d'un compte d'affectation spéciale par une subvention du budget général au plus égale à 20 % des prévisions de dépenses du compte d'affectation spéciale concerné (art. 25) ; majorer les crédits d'un compte d'affectation spéciale dans les limites d'un excédent de recettes survenu en cours d'année (art. 25).

En outre, l'***article 11 de l'ordonnance de 1959*** donne trois possibilités au gouvernement de dépasser les crédits limitatifs : **1°)** en ouvrant, par décret, des crédits dans la limite d'un crédit global pour dépenses accidentelles ; **2°)** en ouvrant, en cas d'urgence, des crédits supplémentaires par décrets d'avances ; **3°)** en ouvrant, en cas d'urgence et de nécessité impérieuse d'intérêt national, des crédits par décrets d'avances.

En pratique, d'après les rapports annuels de la Cour des comptes sur l'exécution des lois de finances, les dépassements de crédits limitatifs jouent sur un faible nombre de chapitres budgétaires et ne concernent généralement que des montants dérisoires.

2. La mise en œuvre de l'autorisation budgétaire dans l'espace

Pour que l'autorisation budgétaire soit mise en œuvre entre les administrations, les crédits sont d'abord ventilés horizontalement entre les différents ministères (A), avant d'être répartis verticalement, au sein de chaque ministère, entre l'ensemble des services de l'administration dans les différents points du territoire national (B).

A. La répartition des crédits entre les ministères

Les crédits ouverts par les lois de finances sont mis à disposition des ministres par chapitre, grâce aux décrets de répartition qui ventilent les crédits entre les différents ministères conformément aux annexes des services votés et des mesures nouvelles figurant dans les bleus budgétaires. À ce premier niveau de répartition s'en ajoute parfois un autre concernant soit l'affectation de crédits globaux (pour dépenses accidentelles ou pour dépenses éventuelles), soit la ventilation des crédits inscrits à des « chapitres réservoirs », notamment ceux qui figurent au budget des charges communes du ministère des Finances.

LES DÉCRETS DE RÉPARTITION

On s'est parfois demandé s'il suffisait que la loi de finances soit votée par le Parlement pour que les crédits soient mis à disposition des ministres. Si l'on se borne à la lecture de l'article 7 de l'ordonnance de 1959, on pourrait croire que l'intervention de décrets de répartition n'est pas nécessaire car cet article dispose : « *Les crédits ouverts par les lois de finances sont mis à la disposition des ministres* »... Cependant, les articles de la loi de finances n'ouvrent les crédits que par titre budgétaire, et il est nécessaire de se reporter aux annexes des services votés et mesures nouvelles pour visualiser la répartition des crédits entre les chapitres. Or, ces annexes étant généralement considérées comme n'ayant qu'une simple valeur d'information des parlementaires, il fallait donc qu'interviennent des décrets de répartition pour donner valeur normative à la répartition prévue par les annexes. La question a évolué depuis la décision du Conseil constitutionnel n° 83-164 DC du 29 décembre 1983 sur la loi de finances pour 1984 (*Rec.* p. 67).

Avec cette décision, le Conseil constitutionnel a apprécié la constitutionnalité des seules annexes de la loi de finances dans lesquelles figuraient des chapitres budgétaires non dotés. Le gouvernement voulait réglementairement procéder à la titularisation de 15 000 maîtres de l'enseignement privé à partir de ces chapitres. Or, ces deux chapitres n'ayant pas été expressément prévus par la loi de finances, ils ne pouvaient pas figurer dans les annexes. Aujourd'hui, il est donc confirmé que la loi de finances ouvre non seulement, dans ses dispositions expresses, le montant global des services votés ainsi que les crédits par titre et par ministère pour les mesures nouvelles, mais aussi procède, au niveau des annexes explicatives (dans les bleus), à une répartition plus fine par chapitre des crédits ouverts globalement.

Malgré cette évolution, il reste que les ***décrets de répartition sont tout de même nécessaires en application de l'article 43 de l'ordonnance de 1959*** qui précise bien que :

« Dès la promulgation de la loi de finances de l'année (...), le gouvernement prend des décrets portant, d'une part, répartition par chapitre pour chaque ministère des

crédits ouverts et, d'autre part, répartition par compte particulier des opérations des comptes spéciaux du Trésor. »

Cependant, en matière de répartition, le gouvernement a une ***compétence totalement liée*** dans la mesure où l'article 43 de l'ordonnance ajoute que :

« Ces décrets ne peuvent apporter aux chapitres ou comptes, par rapport aux dotations correspondantes de l'année précédente, que les modifications proposées par le gouvernement dans les annexes explicatives, compte tenu des votes du Parlement. »

L'AFFECTATION DES CRÉDITS GLOBAUX

Dans le budget de l'État, il existe toujours des crédits globaux pour faire face à des situations un peu exceptionnelles. Ces crédits sont déjà répartis sur des chapitres « crédit global pour dépenses éventuelles » et « crédit global pour dépenses accidentelles ». Cependant, ces crédits ne peuvent pas être mis en œuvre directement après cette première répartition car leur utilisation est conditionnée par la survenance de certains événements et par leur affectation sur d'autres chapitres du budget auxquels ils apportent des compléments de dotation en cas d'insuffisance de crédits.

■ Le crédit global pour dépenses éventuelles

Le crédit global pour dépenses éventuelles (300 millions de francs pour 2001, comme pour 2000) ne comprend que des crédits de nature provisionnelle inscrits au chapitre 37-94 du budget des charges communes. Ce chapitre constitue une sorte de réserve de crédits sur laquelle le gouvernement ne puisera que pour faire face, en cours d'année, à une insuffisance de crédits des dotations initiales des chapitres contenant des crédits provisionnels. Pour utiliser cette réserve, il suffit d'un arrêté du ministre des Finances (art. 10 de l'ordonnance de 1959). Cet arrêté ne pourra abonder que les chapitres auxquels s'appliquent des crédits provisionnels (état G de la loi de finances).

■ Le crédit global pour dépenses accidentelles

Le crédit global pour dépenses accidentelles (950 millions de francs prévus pour 2001) qui figure au chapitre 37-95 du budget des charges communes ne peut s'appliquer qu'à des crédits limitatifs. D'après l'article 11-1° de l'ordonnance de 1959 :

« Dans la limite d'un crédit global pour dépenses accidentelles, des décrets pris sur le rapport du ministre des Finances peuvent ouvrir des crédits pour faire face à des calamités ou à des dépenses urgentes ou imprévues. »

C'est un premier moyen pour le gouvernement de faire face à de telles circonstances. Contrairement à la répartition des crédits pour dépenses éventuelles, qui ne nécessitait qu'un simple arrêté du ministre des Finances, il faut un décret pour répartir les crédits pour dépenses accidentelles car il y a atteinte au caractère limitatif des chapitres dotés par ce moyen.

En pratique, la répartition du crédit pour dépenses accidentelles se fait soit directement à destination des chapitres limitatifs à compléter, soit par ordonnancement direct à destination d'un compte spécial « Fonds de secours aux victimes de sinistres et de calamités ». Il est parfois nécessaire de dépasser la limite du crédit global pour dépenses éventuelles, mais il faut alors recourir à la procédure du décret d'avances.

LA VENTILATION DE CRÉDITS INSCRITS À DES « CHAPITRES RÉSERVOIRS »

L'article 7 alinéa 3 de l'ordonnance de 1959 prévoit que :

> *« Des crédits globaux peuvent également être ouverts pour les dépenses dont la répartition par chapitre ne peut être déterminée au moment où ils sont votés ».*

Il s'agit là non pas de dépenses imprévisibles mais de dépenses dont l'évaluation est a priori impossible à déterminer au moment du vote. L'ordonnance organique de 1959 ne définit pas les chapitres dans lesquels sont inscrits ces crédits globaux. On admet que de tels chapitres se repèrent à leur intitulé très général (exemple : le chapitre 44-75 du budget des charges communes, « mesures exceptionnelles en faveur de l'emploi et de la formation », environ 40 milliards de francs en 1996). On trouvait l'essentiel de ces chapitres au budget des charges communes du ministère de l'Économie et des Finances (mais il existait des chapitres de même nature dans les budgets de chaque ministère). Aujourd'hui, la réduction du nombre de chapitres a contribué à la disparition des chapitres de ce type.

Sur le plan juridique, l'application de ces crédits globaux au chapitre qu'ils concernent est réalisé par arrêté du ministre des Finances (ordonnance de 1959, art. 7 alinéa 3). Une fois répartis par chapitre entre les différents ministères, les crédits ouverts par les lois de finances doivent être ventilés à l'intérieur de chaque ministère.

B. La ventilation des crédits au sein de chaque ministère

Les crédits mis à disposition du ministre par chapitre dans les décrets de répartition font l'objet de délégation aux services gestionnaires. Les administrations fonctionnent grâce à une relative déconcentration financière. Cependant, les délégations de crédits par le ministre et la déconcentration financière nécessitent préalablement une sous-répartition des crédits.

LA SOUS-RÉPARTITION DES CRÉDITS PAR LE MINISTRE

La sous-répartition des crédits par article n'est plus prévue en droit budgétaire depuis le décret du 29 décembre 1962 portant règlement général de la comptabilité publique.

Cependant, cette pratique existe toujours car il est nécessaire au ministre et au contrôleur financier de connaître exactement la ventilation des crédits par article et paragraphe de manière à pouvoir suivre la comptabilité des dépenses engagées et des ordonnancements.

Pour cela, le ministre procède à la sous-répartition des crédits qui lui sont affectés.

En pratique, un arrêté de sous-répartition n° 1 est pris par chaque ministre au 1er janvier. Cet arrêté, pour chaque chapitre et article, donne le montant de la dotation attribuée pour l'exercice, le montant des crédits (en autorisations de programme et crédits de paiement en matière d'investissement), et affecte chaque article d'un code gestionnaire. L'arrêté visé par le contrôleur financier central n'est pas publié au *Journal officiel*. Le ministre bénéficie d'un large pouvoir discrétionnaire pour effectuer cette sous-répartition par article. Il n'est lié par la ventilation des crédits par les bleus et les décrets de répartition qu'en ce qui concerne les chapitres : à l'intérieur des chapitres, il fait ce qu'il veut, sous réserve, bien sûr, que la sous-répartition ne porte pas atteinte à la spécialité et à la nature des crédits.

LA DÉLÉGATION DE CRÉDITS : LES ORDONNANCES DE DÉLÉGATION

Une fois sous-répartis, les crédits sont soit gérés directement par le ministre, soit délégués à des ordonnateurs secondaires par des ordonnances de délégation. La gestion des crédits budgétaires directement par l'administration centrale ne mérite pas d'explications particulières. Les crédits gérés directement par l'administration centrale sont ensuite utilisés en respectant les règles de la comptabilité publique (voir chap. 6).

Il se peut aussi que certains crédits budgétaires du ministère soient délégués à des ordonnateurs secondaires. Il faut à ce propos distinguer la délégation de crédits d'investissement, relativement encadrée par le droit budgétaire, et celle qui concerne les crédits de fonctionnement, qui s'opère de façon beaucoup plus discrétionnaire.

■ La délégation des crédits d'investissement

En ce qui concerne les crédits d'investissement (titres V et VI de la loi de finances), il faut distinguer, d'une part, les autorisations de programme et les crédits de paiement, et, d'autre part, selon la catégorie d'investissement concerné.

Le décret n° 91-331 du 4 avril 1991 classait les investissements civils exécutés par l'État et les investissements exécutés avec une subvention de l'État dans l'une des trois catégories suivantes : I.- Investissements d'intérêt national ; II.- Investissements d'intérêt régional ; III.- Investissements d'intérêt départemental.

Le décret n° 82-390 du 10 mai 1982 relatif aux pouvoirs des préfets de région a été modifié notamment par le décret n° 99-896 du 20 octobre 1999. Ainsi, depuis le 1er janvier 2000, les investissements civils exécutés par l'État et les investissements exécutés avec une subvention de l'État sont d'intérêt régional ou d'intérêt départemental (droit commun), à l'exception des investissements d'intérêt national déterminés par le décret n° 99-1139 du 21 décembre 1999 qui abroge le décret de 1991. Autrement dit, aujourd'hui, à côté des investissements civils de droit commun concernant les anciennes catégories II et III, regroupées dans une catégorie unique II-III, on trouve les investissements d'intérêt national de catégorie I, limitativement énumérés en annexe du décret n° 99-1139 précité.

- En ce qui concerne les **investissements d'intérêt national de la catégorie I**, en application de l'article 25 du décret n° 82-390 du 10 mai 1982, il faut distinguer le cas où les autorisations de programme sont affectées ou individualisées par l'ordonnateur principal (le ministre) du cas où le ministre se contente de déléguer les autorisations de programme au préfet de région :

  – ***Dans le premier cas***, le préfet de région est tenu informé de l'élaboration des programmes et des projets et, après avis de la conférence administrative régionale (composée des préfets de département, du secrétaire général placé auprès du préfet de région, du trésorier-payeur général de région, des chefs des services déconcentrés de l'État), il présente ses observations aux ministres intéressés. Les décisions concernant ces investissements lui sont notifiées, ainsi qu'aux préfets de département, le cas échéant.

  – ***Dans le second cas***, le préfet de région peut utiliser les autorisations de programme qui lui ont été déléguées, ou les subdéléguer aux préfets de département après avis de la conférence administrative régionale.

- En ce qui concerne **les investissements d'intérêt régional ou départemental de la nouvelle catégorie II-III**, en application de l'article 26 du décret n° 82-390 modifié, les autorisations de programme sont déléguées par les ministres au préfet de région sous forme de dotations globales par chapitre ou article budgétaire de prévision. Cette délégation est donnée au vu du programme prévisionnel établi par le préfet de région après avis de la conférence administrative régionale. Le préfet de région fixe ensuite la répartition de cette dotation entre les investissements d'intérêt régional et ceux d'intérêt départemental, après avis de la conférence administrative régionale. Il peut soit utiliser, soit subdéléguer les autorisations de programme d'intérêt régional aux préfets de département (art. 27). Il subdélègue aux préfets de département les autorisations de programme relatives aux investissements d'intérêt départemental (art. 28).

Pour les investissements déconcentrés de la catégorie II-III, un dialogue s'instaure entre les ministres et les préfets à la fin du mois de septembre, lorsque le projet de loi de finances est arrêté, et, en tout état de cause, il faut qu'avant le 30 novembre la conférence administrative régionale puisse se prononcer sur le programme prévisionnel d'emploi des crédits de l'exercice suivant. Ce programme prévisionnel reste élaboré dans le respect des orientations notifiées par chaque ministre au préfet de région (art. 33).

Si, en application des décrets précités de 1999, la déconcentration financière en matière d'investissement a été renforcée depuis le 1er janvier 2000, il reste que son effectivité dépend directement du montant des crédits de paiement effectivement délégués par les administrations centrales. Les réformes en cours confirment le rôle majeur du préfet de région, plaque tournante des investissements civils de l'État.

La délégation des crédits de fonctionnement

En matière de fonctionnement, la déconcentration dépend du libre vouloir des administrations centrales. À l'origine, chaque service central gestionnaire de crédits de fonctionnement établit, avec le contrôleur financier, une liste des dépenses dont la déconcentration a été décidée. Trois hypothèses peuvent donc se présenter :

– ***Premier cas : les trois phases de la dépense publique (engagement, liquidation, ordonnancement) sont effectuées au niveau de l'administration centrale***, il n'y a donc pas ici de délégation de crédits.

– ***Deuxième cas : l'administration centrale conserve l'engagement, mais la liquidation et le mandatement sont pris par les ordonnateurs secondaires***. Dans ce cas, l'ordonnateur secondaire reçoit un extrait d'ordonnance de délégation qui comporte « dépense engagée à l'administration centrale ».

– ***Troisième cas : l'administration centrale confie les trois phases à l'ordonnateur secondaire***, lequel reçoit une « délégation d'autorisation d'engagement » visée par le contrôleur financier central. Une liste est dressée par chapitre, article et éventuellement paragraphe des dépenses de fonctionnement de chaque ministère qui donnent lieu pour chaque année à délégation d'autorisation d'engagement. En principe, la délégation de crédits de fonctionnement s'effectue à destination des services départementaux.

D'une manière plus générale, la déconcentration financière a joué au profit des préfets. Le préfet est « *l'unique ordonnateur secondaire des services extérieurs des administrations civiles de l'État* » (art. 15 du décret n° 82-389 du 10 mai 1982 pour le préfet de département; art. 14 du décret n° 82-390 du 10 mai 1982 pour le préfet de région). On aurait pu espérer que la loi d'orientation n° 92-125 du 6 février 1992 relative à l'administration territoriale de la République viendrait renforcer la déconcentration financière de l'État. Or, ni cette loi ni son décret d'application (décret n° 92-604 du 1er juillet 1992 portant charte de la déconcentration) [*JO* du 4 juillet, p. 8898] ne sont venus modifier fondamentalement les règles financières de la déconcentration. L'article 1er du décret se contente d'indiquer que « *la déconcentration est la règle générale de répartition des attributions et des moyens entre les différents échelons des administrations civiles de l'État* ». Théoriquement, d'après l'article 2 :

> « *Les administrations centrales assurent au niveau national un rôle de conception, d'animation, d'orientation, d'évaluation et de contrôle.*
>
> « *À cette fin, elles participent à l'élaboration des projets de loi et de décret et préparent et mettent en œuvre les décisions du gouvernement et de chacun des ministres, notamment dans les domaines suivants : 1°) La définition et le financement des politiques nationales, le contrôle de leur application, l'évaluation de leurs effets ; (...) ; 3°) La détermination des objectifs de l'action des services à compétence nationale (décret n° 97-463 du 9 mai 1997) et des services déconcentrés de l'État, l'appréciation des besoins de ces services et la répartition des moyens alloués pour leur fonctionnement, (...), l'évaluation des résultats obtenus.* »

Autrement dit, comme hier, la déconcentration reste plus administrative que financière.

Toutefois, la déconcentration financière s'esquisse progressivement à partir du couple préfet / trésorier-payeur général, avec la mise en œuvre de l'application informatique NDL (Nouvelle dépense locale). Expérimentée en Auvergne dès 1992, cette application doit progressivement rassembler dans un système d'information unique l'activité en dépense de l'État des acteurs à l'échelon déconcentré : préfets, trésoriers-payeurs généraux, directeurs régionaux et départementaux des administrations possédant des services déconcentrés, soit environ 2 000 services. Ainsi ont été intégrées jusqu'aux dépenses sans ordonnancement de l'État (Instruction n° 99-004 B2-B3 du 6 janvier 1999). En maîtrisant l'informatisation de la dépense, et en réformant également le contrôle financier des dépenses déconcentrées (voir chap. 7), les administrations financières (le Trésor en première ligne) dirigent en fait le processus de déconcentration en cours.

3. La mise en œuvre de l'autorisation budgétaire dans le temps

La mise en œuvre de l'autorisation budgétaire dans le temps peut donner lieu non seulement à des modifications de la ventilation de l'autorisation budgétaire en cours d'exercice (A) mais aussi à des modifications du montant de cette autorisation (B).

A. Les modifications de la ventilation de l'autorisation budgétaire

Les modifications de la ventilation des crédits en cours d'exercice peut jouer soit entre des ministères différents, soit au sein d'un même ministère.

LES MODIFICATIONS DE LA VENTILATION DES CRÉDITS ENTRE MINISTÈRES : L'ARRÊTÉ DE TRANSFERT DE CRÉDITS

L'article 14 alinéa 2 de l'ordonnance de 1959 permet de transférer des crédits d'un service à un autre. Ainsi, il indique que :

> « *Les transferts modifient la détermination du service responsable de l'exécution de la dépense sans modifier la nature de cette dernière.* »

La procédure de transfert est simple à mettre en œuvre puisqu'elle n'est pas limitée dans son montant et que, juridiquement, ***il suffit d'un arrêté d'autorisation du ministre des Finances***. Le transfert de crédits est utile lorsqu'il s'agit, par exemple, de confier à un ministre en particulier le pilotage d'une opération administrative interministérielle donnée.

Imaginons qu'une opération à destination des jeunes des banlieues fasse intervenir le ministère de la Défense pour des leçons de parachutisme, le ministère chargé de la Jeunesse et des Sports pour différentes activités, le ministère de l'Intérieur pour la coordination de l'action entreprise. Dans cette hypothèse, les ministres intéressés procéderont alors à des transferts de crédits en direction des services du ministre de l'Intérieur, responsable du pilotage de l'opération.

Sont prohibés en droit les transferts de crédits qui apportent des ***modifications à la nature initiale de la dépense***. Ainsi, on ne peut pas transférer des crédits d'un chapitre pour dépenses d'investissement vers un chapitre pour dépenses de fonctionnement. L'inverse est également interdit. En pratique, la procédure de transfert de crédits a porté sur 186,3 milliards en 1999 (*Rapport sur le règlement du budget 1999*, Ass. nat., n° 2601, 9 octobre 2000).

LES MODIFICATIONS DE LA VENTILATION DES CRÉDITS AU SEIN D'UN MÊME MINISTÈRE : VIREMENTS, ANNULATIONS ET RÉTABLISSEMENTS DE CRÉDITS

D'autres procédures permettent à l'exécutif de modifier la ventilation des crédits, mais ***à condition de rester au sein du même ministère***. Il en va ainsi des virements de crédits, annulations de crédits et rétablissements de crédits.

■ Le décret de virement de crédits

Aux termes de l'article 14 alinéa 3 de l'ordonnance organique de 1959, « *les virements conduisent à modifier la nature de la dépense prévue par la loi de finances* ». Il y a donc, par cette pratique, ***une atteinte au principe de spécia-***

lité des crédits. C'est la raison pour laquelle cette procédure obéit à des règles très strictes.

Le virement de crédits nécessite une autorisation par décret. Le décret est pris sur le rapport du ministre des Finances. Ensuite, le virement ne peut intervenir qu'***au sein d'un même titre à l'intérieur d'un même ministère***. En outre, le virement ne peut concerner au plus qu'***un dixième de la dotation*** des chapitres intéressés. Enfin, aucun virement de crédits ne peut être effectué d'une dotation évaluative ou provisionnelle vers une dotation limitative. Cette condition a été posée de manière à éviter une augmentation des crédits limitatifs sans diminution corrélative des crédits provisionnels ou évaluatifs.

Les décrets de virement, qui doivent rester exceptionnels, permettent de remédier à la sous-évaluation des crédits d'un chapitre. C'est aussi un moyen d'atténuer la surévaluation d'un chapitre réservoir. La Cour des comptes dénonce fréquemment l'emploi irrégulier de la procédure de virement de crédits. En cas de virement, comme en cas de transfert de crédits, il ne saurait être question d'aboutir à la création de nouveaux chapitres. La procédure de virement a concerné 3,9 milliards en 1999.

■ L'arrêté d'annulation de crédits

L'article 13 de l'ordonnance de 1959 prévoit que « *tout crédit qui devient sans objet en cours d'année peut être annulé par arrêté du ministre des Finances après accord du ministre intéressé* ». Ainsi, une annulation de crédits n'est juridiquement possible qu'à deux conditions : ***le ministre intéressé doit donner effectivement son accord*** au ministre des Finances; les crédits annulés doivent être ***devenus sans objet***. La technique d'annulation de crédits repose sur une idée classique selon laquelle l'autorisation budgétaire donnée par le Parlement dans la loi de finances ne vaut qu'autorisation à dépenser ***mais non obligation*** de dépenser les crédits autorisés. Il arrive parfois que le Premier ministre décide de ***geler*** les crédits ouverts par la loi de finances sans pour autant procéder à une annulation de ces crédits (exemple : lettre du Premier ministre du 3 février 1993 gelant 15 milliards de francs en prévision d'une subvention du budget de l'État pour équilibrer les comptes de la Sécurité sociale).

La pratique des annulations de crédits montre que les conditions prévues par l'article 13 de l'ordonnance de 1959 ne sont pas toujours respectées.

Cette technique a été utilisée en mars 1991 pour gager le financement de la participation militaire de la France au conflit du Golfe sans avoir à passer par un collectif budgétaire. Certes, l'engagement de la France, évalué à 7 milliards de francs par le ministre de l'Économie, devait être en partie couvert par le versement futur de la contribution du Koweit (1 milliard de dollars) et de l'Allemagne (300 millions de deutsche marks); il n'en reste pas moins qu'un arrêté d'annulation de crédits pour un montant de 10,2 milliards de francs fut pris le 9 mars 1991 (*JO* du 10 mars 1991). Les annulations ne concernaient à l'évidence pas des dépenses devenues sans objet puisqu'on trouvait notamment 3 milliards à la charge du ministère de l'Équipement, du Logement, des Transports et de la Mer (dont 1 milliard pour les routes) et 2,5 milliards à la charge du ministère du Travail, de l'Emploi et de la Formation.

En 1999, plus de 10 milliards de francs de crédits ont été annulés sur le budget général et 1,2 milliard sur les budgets annexes (Cour des comptes, *Rapport sur le règlement définitif du budget de 1999*).

■ L'arrêté de rétablissement de crédits

Les rétablissements de crédits sont une exception à la règle de l'universalité. Ils consistent en l'annulation d'une dépense déjà réalisée par restitution des crédits aux chapitres sur lesquels ces dépenses avaient été imputées. C'est le cas, par exemple, du traitement perçu à tort par un agent de l'État et qui donne lieu à un reversement au Trésor.

D'après l'article 19 alinéa 3 de l'ordonnance de 1959 :

« *Peuvent donner lieu à rétablissement de crédits dans des conditions fixées par arrêté du ministre des Finances :*

a) Les recettes provenant de la restitution au Trésor de sommes payées indûment ou à titre provisoire sur crédits budgétaires;

b) Les recettes provenant de cessions ayant donné lieu à paiement sur crédits budgétaires. »

Curieusement, jusqu'en 1991, il n'existait qu'une procédure de rétablissement de crédits à l'échelon central, y compris lorsqu'ils s'agissait de crédits déconcentrés. Ce système avait pour effet d'allonger les délais car les crédits devaient d'abord être rétablis à l'échelon central avant d'être de nouveau délégués à l'échelon local. Une procédure de rétablissement de crédits à l'échelon local a donc été mise en œuvre depuis 1992 (circulaire du ministre du Budget n° 364 du 16 janvier 1992).

Cette procédure instaure au plan local un mécanisme d'annulation directe de la dépense initiale à hauteur de la cession ou du reversement de fonds constatés. Elle ne concerne que les crédits de fonctionnement déconcentrés, la procédure centralisée subsistant pour les dépenses d'investissement et pour les dépenses non déconcentrées. Les rétablissements de crédits ont concerné 16,66 milliards de francs du budget général en 1999.

B. Les modifications du montant de l'autorisation budgétaire

L'autorisation budgétaire peut faire l'objet de modifications dans son montant au cours de l'exercice budgétaire, soit de la part du Parlement, ce qui est normal, soit de la part du gouvernement, ce qui traduit, en matière financière, le déséquilibre des pouvoirs au profit de l'exécutif sous la Ve République.

LES RECTIFICATIONS DU MONTANT DE L'AUTORISATION BUDGÉTAIRE PAR LE PARLEMENT : LES LOIS DE FINANCES RECTIFICATIVES

L'article 2 alinéa 4 de l'ordonnance de 1959 pose le principe selon lequel « *seules les lois de finances dites rectificatives peuvent, en cours d'année, modifier les dispositions de la loi de finances de l'année* ».

Le projet de loi de finances rectificative est présenté comme le projet de loi de finances de l'année. C'est une conséquence directe de l'article 34 de l'ordonnance de 1959. On sait que pour le Conseil constitutionnel, les règles de procédure et de délais applicables à la loi de finances initiale s'appliquent aussi aux lois de finances rectificatives (décision n° 86-209 DC du 3 juillet 1986). En principe, le projet de loi de finances rectificative a pour but d'ouvrir des crédits supplémentaires qui, une fois répartis par le gouvernement, seront alors mis à la disposition des ministres. Le projet de loi de finances rectificative a parfois également pour objet d'entériner les annulations de crédits décidées par arrêté ministériel et de ratifier les crédits ouverts par décrets d'avances. Il s'agit là d'une des hypothèses où une loi de finances rectificative est obligatoire (décision n° 91-298 DC du 24 juillet 1991, cons. n° 9).

LES MODIFICATIONS DU MONTANT DE L'AUTORISATION BUDGÉTAIRE PAR LE GOUVERNEMENT : DÉCRETS D'AVANCES ET REPORTS DE CRÉDITS

De façon théoriquement exceptionnelle, il est possible de procéder à des modifications de l'autorisation budgétaire par la voie réglementaire.

Les décrets d'avances

L'ordonnance de 1959 prévoit trois hypothèses certaines dans lesquelles le gouvernement peut ouvrir des crédits par décrets d'avances. Une de ces hypothèses concerne les crédits provisionnels, les deux autres hypothèses sont relatives aux crédits limitatifs. De façon plus contestable, certains auteurs croient déceler une quatrième hypothèse en cas de force majeure.

- **Les décrets d'avances en matière de crédits provisionnels.** On a déjà indiqué qu'en application de l'article 10 de l'ordonnance de 1959, une insuffisance de crédits peut être complétée par arrêté de prélèvement du ministre des Finances sur le crédit global pour dépenses éventuelles.

  Cependant ce même article 10 prévoit que le gouvernement peut ouvrir des crédits provisionnels supplémentaires par décret d'avances à deux conditions : 1°) Le crédit global pour dépenses éventuelles doit être insuffisant. 2°) Il doit y avoir ***urgence***.

  Si ces deux conditions sont remplies, les décrets d'avances pris sur le fondement de l'article 10 de l'ordonnance sont soumis à deux règles de procédure : 1°) Ils sont pris ***sur un rapport du ministre des Finances***. 2°) Ils doivent faire l'objet d'une demande de ratification au Parlement « *dans la plus prochaine loi de finances* ».

En pratique, les décrets d'avances pris sur le fondement de l'article 10 sont relativement rares. Exemple : le décret d'avances du 5 juin 1981 a ouvert un crédit de 246 millions de francs au chapitre 37-61 « Dépenses relatives aux élections » du budget de l'Intérieur pour couvrir les dépenses nouvelles et imprévues pour financer les législatives, à la suite de la décision présidentielle du 22 mai 1981 de dissoudre l'Assemblée nationale.

- **Les décrets d'avances en matière de crédits limitatifs.** L'article 11 de l'ordonnance de 1959 prévoit deux hypothèses dans lesquelles le gouvernement peut recourir à l'ouverture de crédits par décret d'avances. On a déjà signalé qu'en cas de dépassement de crédits limitatifs, le gouvernement a la possibilité d'ouvrir des crédits par décret en prélevant sur le crédit global pour dépenses accidentelles. Il ne s'agit pas alors d'un décret d'avances mais d'un décret permettant l'utilisation de crédits globaux déjà autorisés par la loi de finances.

– Si cette procédure n'est pas suffisante, le gouvernement peut, **dans une première hypothèse prévue par l'article 11-2° de l'ordonnance**, ouvrir des crédits supplémentaires par décret d'avances. Pour cela, trois conditions doivent être réunies : 1°) Le crédit global pour dépenses accidentelles doit être insuffisant. 2°) Il doit y avoir ***urgence***. 3°) L'équilibre financier de la dernière loi de finances ne doit pas être affecté. Pour permettre le respect de l'équilibre financier de la dernière loi de finances, le gouvernement procède généralement à des annulations de crédits compensatrices.

Les décrets d'avances pris sur le fondement de l'article 11-2° doivent respecter trois conditions de forme : 1°) Le ministre des Finances doit adresser un ***rapport au Premier ministre*** montrant que l'équilibre financier de la dernière loi de finances n'est pas affecté. 2°) Ces décrets d'avances sont pris sur avis du Conseil d'État. 3°) La ratification des décrets d'avances de l'article 11-2° doit être demandée au Parlement « *dans la plus prochaine loi de finances* ».

En pratique, les décrets d'avances pris sur le fondement de l'article 11-2° de l'ordonnance de 1959 sont les plus nombreux. L'appréciation de l'urgence relève purement du gouvernement. On notera que les décrets d'avances peuvent avoir pour effet de créer des chapitres nouveaux, ce qui est formellement interdit pour les décrets de virement, et pour les arrêtés de transfert.

Par exemple, le décret d'avance n° 2000-760 du 1er août 2000 (*JO* du 6 août 2000, p. 12225) a ouvert 152,5 millions de francs en dépenses ordinaires, dont 2,7 millions pour le Conseil constitutionnel et 149,7 millions au ministère de l'Intérieur et de la Décentralisation pour dépenses relatives aux élections. En 1999, le décret d'avance n° 99-753 du 2 septembre 1999 (*JO* du 3 septembre 1999, p. 13192) avait ouvert 7,89 milliards de francs, dont 4 milliards au budget de la Défense, essentiellement pour les chapitres de rémunérations d'activité du personnel.

– Le gouvernement peut aussi ouvrir des crédits par décret d'avances dans une **deuxième hypothèse prévue par l'article 11-3° de l'ordonnance** à deux conditions : 1°) Le crédit global pour dépenses accidentelles doit être insuffisant. 2°) Il doit y avoir ***urgence et nécessité impérieuse d'intérêt national***.

On notera que, contrairement à l'hypothèse des décrets d'avances de l'article 11-2°, il n'est pas interdit aux décrets d'avances de l'article 11-3° de porter atteinte à l'équilibre financier de la dernière loi de finances.

Les décrets d'avances qui peuvent être pris sur le fondement de l'article 11-3° sont soumis à deux règles de procédure : 1°) Ils nécessitent seulement l'avis du Conseil d'État mais pas de rapport du ministre des Finances. 2°) Un projet de loi de finances portant ratification de ces crédits doit être déposé « *immédiatement ou à l'ouverture de la plus prochaine session du Parlement* ».

En pratique, les décrets d'avances de l'article 11-3° sont relativement rares car ils ne peuvent être utilisés que pour des situations extrêmement graves, non seulement d'urgence mais aussi de nécessité impérieuse d'intérêt national. À ce titre, on peut citer le décret d'avances du 27 juillet 1977 qui avait ouvert 100 millions de francs au chapitre 37-95 « dépenses accidentelles des charges communes » en raison de graves inondations dans quatre départements du sud-ouest en juillet 1977.

D'une façon générale, sous la Ve République, le gouvernement a en définitive fréquemment eu recours à la pratique des décrets d'avances, mais surtout sur le fondement de l'article 11-2°.

De 1981 à 1999, à l'exception de l'année 1985, tous les ans les gouvernements ont pris au moins un décret d'avance (deux ont été pris en 1981, 1984, 1988, 1989, 1990, 1992, 1994, 1996, 1997, 1998, et même trois en 1987) [voir Rapport n° 2601, p. 101, Ass. nat., 9 octobre 2000, *Règlement du budget de 1999*].

- **La question des décrets d'avances en cas de force majeure.** Aux trois hypothèses certaines dans lesquelles le gouvernement peut recourir aux décrets d'avances, Louis Trotabas et Jean-Marie Cotteret en rajoutent une quatrième concernant les décrets d'avances ***en cas de force majeure***. Ces auteurs s'appuient sur l'article 35 de l'ordonnance de 1959 relatif au projet annuel de loi de règlement. Cet article prévoit que :

« *Le cas échéant, il* [le projet de loi de règlement] *ratifie les ouvertures de crédits par décrets d'avances et approuve les dépassements de crédits résultant de circonstances de force majeure.* »

À notre sens, il n'est pas certain que cet article crée une nouvelle catégorie de décret d'avances. En effet, si la loi de règlement approuve les dépassements de crédits résultant de circonstances de force majeure, rien ne permet de dire que ces dépassements sont réalisés par des décrets d'avances spéciaux. Il est plus probable d'analyser cet article comme permettant l'approbation par une loi de règlement des décrets d'avances prévus aux articles 10 et 11 alors que l'on aurait pu croire que seule une loi de finances rectificative pouvait valablement permettre une telle ratification (article 34 de l'ordonnance).

L'arrêté de report de crédits

Le pouvoir réglementaire s'exerce en matière de report de crédits. À cet égard, l'ordonnance organique permet de distinguer les crédits relatifs aux dépenses en capital et les crédits relatifs aux dépenses de fonctionnement.

- Pour les **dépenses en capital**, la question du report ne se pose pas pour les ***autorisations de programme*** puisque celles-ci « *demeurent valables sans limitation de durée jusqu'à ce qu'il soit procédé à leur annulation* » (art. 12 al. 2 de l'ordonnance de 1959). Par ailleurs, « *les **crédits de paiement disponibles** sur opérations en capital sont reportés par arrêté du ministre des Finances ouvrant une dotation de même montant en sus des dotations de l'année suivante* ». D'ailleurs, avant même que l'arrêté de report soit pris, les ministres peuvent, « *dans la limite des deux tiers des crédits disponibles, engager et ordonnancer des dépenses se rapportant à la continuation des opérations en voie d'exécution au 1er janvier de l'année en cours* ».
- Pour les **dépenses ordinaires**, en règle générale, les reports ne sont possibles par arrêté du ministre des Finances que ***dans la limite du dixième*** des dotations du chapitre intéressé pour les dépenses engagées mais non ordonnancées. En revanche, s'il s'agit d'un des chapitres figurant à l'état annexé H de la loi de finances, les crédits disponibles peuvent être reportés dans leur intégralité.

D'une façon générale, les reports de crédits résultent souvent d'une surévaluation des dotations budgétaires des chapitres concernés.

Les arrêtés ou décrets d'ouverture de crédits à la suite de versements de fonds de concours ou de rétablissements de crédits

Il faut distinguer ici les règles d'ouverture de crédits s'appliquant aux versements de fonds de concours et celles concernant les rétablissements de crédits.

- **L'ouverture de crédits à la suite de versements de fonds de concours.** En 1993, le montant des 700 fonds de concours a représenté 64 milliards de francs (65 milliards en 1998). L'article 19 de l'ordonnance de 1959 prévoit deux types de fonds de concours :

  – En premier lieu, on trouve les ***fonds ou dons versés par des personnes morales ou physiques*** qui sont portés en recettes au budget et affectés conformément à l'intention du donateur. Cette première catégorie de fonds de concours donne lieu à ouverture de crédits par arrêté du ministre des Finances au budget du ministre intéressé. Cela représentait près de 22 milliards de francs en 1993.

  – En second lieu, ***certaines recettes non fiscales sont assimilées à des fonds de concours***. Ce second type de fonds de concours donne lieu à des décrets pris sur le rapport du ministre des Finances. Cela concernait 34,6 milliards en 1991, répartis en 403 fonds de concours dont les plus importants concernaient les 18,6 milliards de francs des charges de pension des personnels de La Poste et France Télécom, ainsi que 5,1 milliards de francs en provenance des collectivités territoriales pour frais d'assiette et de recouvrement des impôts locaux effectués par l'État. En 1993, les recettes non fiscales assimilées à des fonds de concours s'élevaient à 38 milliards de francs.

En 1999, le montant total des fonds de concours n'est plus que de 45,2 milliards de francs en raison des opérations de rebudgétisation effectuées en 1999. On observera que l'effet dissuasif d'emploi du principe de sincérité budgétaire par la décision n° 97-395 DC du 30 décembre 1997 (cons. n° 14) a porté ses fruits. Ainsi, 6,7 milliards de francs de crédits qui étaient rattachés au budget par fonds de concours figurent désormais en recettes non fiscales du budget général (Ass. nat., rapport n° 2601, 9 octobre 2000, *Règlement du budget de 1999*, p. 42). De même, la contribution aux charges de pension de La Poste n'est plus financée par fonds de concours mais est inscrite au budget général.

- **L'ouverture de crédits à la suite de rétablissements de crédits.** L'article 19 de l'ordonnance prévoit également deux possibilités d'ouvrir des crédits par voie réglementaire à la suite de rétablissements de crédits :

  – En premier lieu, des rétablissements de crédits peuvent avoir lieu dans des conditions fixées par arrêté du ministre des Finances, soit en cas de restitution au Trésor de sommes payées indûment ou à titre provisoire sur crédits budgétaires, soit en cas de cessions ayant donné lieu à paiement sur crédits budgétaires.

  – En second lieu, des rétablissements de crédits peuvent avoir lieu par décrets pris sur le rapport du ministre des Finances dans les cas autres, autorisés par la législation en vigueur. Ils sont alors assimilés aux fonds de concours de la seconde catégorie.

  En 1999, le montant des crédits rétablis au budget général s'est monté à 13,6 milliards de francs. L'essentiel des rétablissements de crédits a concerné le budget de la Défense (9,9). Il faut ajouter 2,7 milliards de francs de rétablissements de crédits pour les budgets annexes en 1999.

6

L'exécution du budget et la gestion financière de l'État

Quel est le droit applicable aux opérations d'exécution du budget (section 1) ? Comment ces opérations sont-elles comptabilisées dans la comptabilité de l'État (section 2) ? Quel rôle joue le Trésor dans la gestion des finances de l'État (section 3) ? Telles sont les trois principales questions auxquelles il est nécessaire de répondre pour étudier les procédures d'exécution du budget et la gestion des finances de l'État.

1. Les opérations d'exécution du budget

Une fois les crédits de la loi de finances répartis par le gouvernement entre les ministres et sous-répartis par les ministres entre leurs services, les administrations de l'État disposent de crédits budgétaires pour fonctionner. L'administration de l'État, comme toutes les administrations publiques, n'échappe pas au principe de séparation qui gouverne l'exécution des budgets publics. À ce propos, il est utile de distinguer les ordonnateurs et les comptables de l'État (A), avant d'étudier les opérations de recettes (B) et de dépenses de l'État (C).

A. Les ordonnateurs et les comptables de l'État

Les notions d'ordonnateur et de comptable de l'État sont définies dans les articles 63 et suivants du décret n° 62-1587 du 29 décembre 1962 portant règlement général sur la comptabilité publique, modifié sur ce point par le décret n° 74-246 du 11 mars 1974.

LES ORDONNATEURS DE L'ÉTAT

Comme tous les ordonnateurs, les ordonnateurs de l'État ***prescrivent l'exécution des recettes et des dépenses publiques*** (décret de 1962, art. 5).

Les ordonnateurs peuvent déléguer leurs pouvoirs ou se faire suppléer en cas d'absence ou d'empêchement.

Les ordonnateurs, ainsi d'ailleurs que leurs délégués ou suppléants, doivent être accrédités auprès des comptables assignataires des recettes et des dépenses dont ils prescrivent l'exécution (décret de 1962, art. 6). Sur le plan pratique, l'instruction n° 92-159-A-B du 17 décembre 1992 de la Direction de la Comptabilité publique permet d'identifier les ordonnateurs du budget général et des comptes spéciaux du Trésor. Les ordres donnés par les ordonnateurs sont retracés dans les comptabilités administratives.

On distingue des ***ordonnateurs principaux*** et des ***ordonnateurs secondaires***.

■ Les ordonnateurs principaux de l'État

Pour l'État, les ministres sont ordonnateurs principaux des recettes et des dépenses du budget général, des comptes spéciaux du Trésor et, en principe, des budgets annexes (décret de 1962, art. 63). Cependant en matière de budgets annexes, des textes peuvent conférer la qualité d'ordonnateur principal aux directeurs des services dotés d'un budget annexe (art. 63 al. 2). Par ailleurs, les règlements de comptabilité des ministères ou les textes organisant les services dotés de budgets annexes désignent les catégories de fonctionnaires qui peuvent recevoir délégation des pouvoirs des ordonnateurs principaux et ceux qui peuvent suppléer les ordonnateurs principaux en cas d'absence ou d'empêchement (décret de 1962, art. 63 al. 3).

On notera que d'après l'article 1er du décret n° 47-233 du 23 janvier 1947 modifié, les ministres et secrétaires d'État sont largement autorisés à déléguer, par arrêté, leur signature pour « *toutes ordonnances de paiement, de virement ou de délégation et tous ordres de recettes* ».

■ Les ordonnateurs secondaires de l'État

Les ordonnateurs secondaires de l'État sont désignés par les règlements de comptabilité des ministères et par les textes qui organisent les services des budgets annexes (décret de 1962, art. 64).

En application des décrets du 10 mai 1982, les préfets des départements et des régions, sur l'ensemble du territoire national, sont en principe les uniques ordonnateurs secondaires du budget de l'État dans les départements et les régions, même si en pratique, de larges possibilités de délégation existent au profit des principaux chefs des services déconcentrés de l'État.

LES COMPTABLES DE L'ÉTAT

L'organisation du service des comptables publics a fait l'objet d'une instruction générale du 16 août 1966 (*JO* du 29 octobre 1966) actualisée par l'instruction générale du 2 août 1984 (*JO* du 18 octobre 1984). D'une façon générale, on distingue les comptables publics principaux et les comptables secondaires. Les premiers rendent directement leurs comptes aux juges des comptes, les seconds sont ceux dont les opérations sont centralisées par un comptable principal (décret de 1962, art. 13).

D'après l'article 67 du décret de 1962 modifié, les comptables publics de l'État sont répartis en quatre catégories : les ***comptables directs du Trésor***, les ***comptables des administrations financières***, les ***comptables spéciaux du Trésor***, les ***comptables des budgets annexes***.

Il faut en outre mentionner l'existence de comptables centraux.

Les comptables directs du Trésor

Les comptables directs du Trésor, principaux ou secondaires, relèvent directement du ministre des Finances. Leur tâche est d'exécuter :

– toutes opérations de recette et de dépense du budget général et des comptes spéciaux du Trésor,

– toutes opérations de trésorerie,

– toutes opérations financières dont l'État est chargé, à l'exception de celles dont l'exécution est expressément confiée à d'autres comptables publics (art. 68 du décret).

Les comptables directs principaux du Trésor centralisent les opérations faites pour le compte du Trésor par les comptables publics, les régisseurs et les correspondants locaux du Trésor. Les ***comptables directs principaux*** sont les trésoriers-payeurs généraux (TPG) des départements ou des régions, qui centralisent notamment les opérations des comptables directs secondaires.

Les ***comptables directs secondaires*** sont les receveurs des Finances au niveau des arrondissements. Ces derniers centralisent les opérations des différentes trésoreries de leur ressort. Les trésoriers sont répartis sur l'ensemble du territoire. La distinction ancienne entre receveurs-percepteurs et percepteurs de base a disparu en avril 1992. En pratique, les trésoreries forment l'échelon de base où sont enregistrées non seulement les opérations concernant le budget de l'État, et notamment l'encaissement des impôts directs, mais aussi les opérations d'exécution des budgets des communes et des établissements publics rattachés. Le Trésor assure aussi l'exécution des budgets régionaux et départementaux par les paieries régionales et départementales.

Il existe également des paieries générales à l'étranger auprès de certaines ambassades de France dont les comptes sont centralisés par le trésorier-payeur général pour l'étranger à Nantes.

Au 31 décembre 1999, on compte ***en France*** : 110 trésoreries générales, dont 5 postes spécialisés à compétence nationale; 57 recettes des Finances; 3 803 trésoreries; ***à l'étranger*** : 23 postes comptables : paieries ou trésoreries placées auprès de certaines ambassades de France (Direction générale de la Comptabilité publique, Réseau du Trésor public, *Rapport d'activité 1999*, 2000).

■ Les comptables des administrations financières

D'après l'article 69 du décret de 1962, sous l'autorité du ministre des Finances, les comptables des administrations financières sont notamment chargés du recouvrement d'impôts, de taxes, droits, redevances, produits et recettes diverses. Parmi ces comptables on trouve principalement les receveurs des Impôts et les receveurs des Douanes qui exécutent des opérations comptables spécifiques (TVA, droits de douane, etc.) et dont les opérations sont centralisées par le trésorier-payeur général dans chaque chef-lieu de département.

■ Les comptables spéciaux du Trésor

Ils peuvent être chargés par décret contresigné par le ministre des Finances d'exécuter des catégories particulières d'opérations de recettes et de dépenses. Tel est le cas, par exemple, de l'agent comptable des traites de la marine.

■ Les comptables des budgets annexes

Le décret de 1962 a prévu les missions de cette catégorie de comptables dans son article 71. Ces comptables procèdent dans les conditions fixées par les lois et règlements à toutes opérations de recettes, de dépenses et de trésorerie découlant de l'exécution des budgets annexes. Le décret prévoit qu'ils peuvent également être chargés d'opérations pour le compte du Trésor.

C'était le cas du réseau des comptables des Postes qui, par exemple, plaçaient des bons du Trésor auprès du public. On notera que jusqu'en 1990, seul le budget annexe des PTT faisait intervenir un réseau diversifié de comptables publics. La suppression du budget annexe des PTT par la loi de finances pour 1991 a conduit à distinguer ce qui relève de la comptabilité propre de chaque exploitant public (La Poste et France Télécom). Ainsi, à la Poste, la comptabilité de l'exploitant public et de ses filiales est centralisée par la comptabilité du siège à Boulogne, laquelle regroupe les comptabilités des 7 délégations. Chaque délégation centralise la comptabilité des comptables de département. Cependant, l'ancien réseau formé par les comptables de chaque bureau de poste n'a pas disparu. Si ces comptables effectuent aujourd'hui principalement des opérations pour l'exploitant public, ils sont aussi chargés d'opérations pour l'État (placement des bons du Trésor...).

■ Les comptables centraux

Au niveau central de l'État, il existait deux comptables importants : l'***agent comptable central du Trésor*** et l'***agent comptable de la dette publique***. Ce dernier a été supprimé par un décret n° 74-246 du 11 mars 1974. Contrairement aux comptables publics précédemment étudiés, ces deux comptables sont surtout des comptables d'ordre et non des comptables en deniers. Cela signifie qu'en principe, ils ne manient pas directement des deniers publics. Leurs tâches consistent principalement en des opérations d'écriture et de consolidation des comptes de l'État.

- L'**agent comptable de la dette publique** était chargé de décrire les opérations relatives : aux émissions et remboursements des emprunts contractés par l'État; à la gestion des titres émis en représentation de ces emprunts; au service de la loterie nationale (art. 72 du décret de 1962). Il établissait chaque année le Compte de la dette publique. Depuis le décret de 1974, les tâches de l'Agence comptable de la dette publique ont été reprises par l'Agence comptable centrale du Trésor (art. 73 du décret de 1962 modifié).
- L'**agent comptable central du Trésor** procède certes aux opérations de recettes et de dépenses assignées sur son poste. Son rôle principal consiste cependant à centraliser les résultats des opérations de trésorerie de l'État avec les instituts d'émission, les organismes d'intérêt national et les organismes internationaux. S'agissant de l'exécution de la loi de finances, l'agent comptable central du Trésor est surtout connu pour sa tâche de constatation des écritures de fin d'année permettant de dresser les comptes annuels de l'État. Pour cela, il centralise les opérations du budget général et de certains comptes spéciaux que les comptables principaux ont faites sous leur responsabilité (art. 73 du décret de 1962).

B. Les opérations relatives aux recettes de l'État

Dans l'application du principe de séparation des ordonnateurs et des comptables en matière de recettes de l'État, il est nécessaire d'envisager d'abord le cadre général, avant d'étudier les particularités d'exécution des recettes selon la nature des ressources concernées.

LE CADRE GÉNÉRAL DES OPÉRATIONS DE RECETTES

En matière de recettes, il y a lieu de distinguer les opérations respectives de l'ordonnateur et du comptable.

■ Les opérations de l'ordonnateur en matière de recettes

En matière de recettes, l'ordonnateur est en principe chargé de trois opérations : il ***constate les droits*** au profit de l'État, ***liquide les recettes*** et ***émet les ordres de recettes*** qui permettront ensuite au comptable de procéder au recouvrement.

- Tout d'abord, la **constatation des droits** consiste à vérifier l'existence de droits de créance au profit de l'État. Ce constat résulte d'un acte-condition : la loi fiscale et la loi de finances (ou uniquement la loi de finances si la créance résulte d'une disposition fiscale de la loi de finances). Cet acte-condition n'est à lui seul pas suffisant, il faut un ***fait générateur*** de la créance, qui varie en fonction de la diversité des créances de l'État.

  En matière fiscale, ce fait générateur peut être par exemple, le constat des revenus imposables sur la base des déclarations des revenus des contribuables. En matière domaniale, ce peut être l'acte juridique par lequel l'administration autorise l'exploitation du domaine public. Il peut encore s'agir d'un contrat ou d'un titre de propriété.

- Ensuite, la **liquidation de la créance** est l'opération qui consiste à « *déterminer le montant de la dette des redevables* ». En effet, comme le prévoit l'article 23 du décret de 1962, « *dans les conditions prévues pour chacune d'elles, les recettes sont liquidées avant d'être recouvrées* ».

- Enfin, l'ordonnancement consiste à **émettre un ordre de recettes** en vertu duquel le comptable pourra recouvrer la créance. Tout ordre de recettes doit, d'après l'article 81 du décret de 1962, « *indiquer les bases de liquidation* ».

  Il se peut que l'administration commette des erreurs, c'est pourquoi « *toute erreur de liquidation au préjudice du débiteur donne lieu à l'émission d'un ordre d'annulation ou de réduction de recette; cet ordre indique les bases de la nouvelle liquidation* ». Les ordres de recettes sont notifiés aux redevables par l'ordonnateur ou le comptable public. Il faut noter que le décret de 1962 distingue certains ordres de recettes particuliers, dénommés ***arrêtés de débet***, qui sont les ordres de recettes émis par les ministres à l'encontre : de tout entrepreneur, fournisseur ou soumissionnaire de marché public, de tout comptable public, de toute personne tenue de rendre compte soit de l'emploi d'une avance reçue, soit de recettes destinées à un organisme public. Ces arrêtés sont exécutoires par provision et ne peuvent faire l'objet d'aucun litige devant les tribunaux judiciaires (art. 88 du décret de 1962).

■ Les opérations du comptable en matière de recettes

Les comptables publics sont chargés de la ***prise en charge et du recouvrement des ordres de recettes*** qui leur sont remis par les ordonnateurs, des ***créances*** constatées par un contrat, un titre de propriété ou autre titre dont ils assurent la conservation, ainsi que de l'***encaissement des droits au comptant et des recettes de toute nature*** que l'État reçoit (art. 11 du décret de 1962). Depuis un décret n° 92-1369 du 29 décembre 1992, les dispositions du décret de 1962 relatives au recouvrement des créances de l'État ont été profondément modifiées.

Désormais, les ordonnateurs rendent directement exécutoires les titres de perception qu'ils émettent sans passer par un état exécutoire délivré par le préfet ou par la contrainte délivrée par le ministre des Finances en cas de recouvrement forcé.

Par ailleurs, avec l'article 86 du décret de 1962 dans sa nouvelle rédaction, les ordres de recettes sont pris en charge : 1°) lorsqu'il s'agit de recettes du budget général ou de comptes spéciaux non dotés d'un comptable spécial, par le comptable principal du domicile ou de la résidence du débiteur (sauf exceptions), 2°) par les comptables des budgets annexes lorsqu'ils concernent des opérations de recettes découlant de l'exécution de ces budgets, 3°) par les comptables spéciaux du Trésor en ce qui concerne certaines catégories particulières de dépenses qui peuvent leur être confiées.

Tout ordre de recettes fait l'objet d'un recouvrement, amiable ou forcé. Cependant, sauf exceptions tenant à la nature ou au caractère contentieux de la créance, ou à la nécessité de prendre sans délai des mesures conservatoires, le recouvrement forcé est toujours précédé d'une tentative de recouvrement amiable (décret de 1962, art. 25). En cas de recouvrement forcé, les poursuites sont exercées à la diligence du comptable. Sous l'autorité du ministre du Budget, l'agent judiciaire du Trésor, dont la mission est notamment d'assurer le recouvrement des recettes en cas de contentieux, était systématiquement chargé du recouvrement dès qu'il y avait opposition à poursuite de la part d'un redevable à la suite d'un état exécutoire. Bien que son rôle ait été allégé, l'agent judiciaire du Trésor peut recevoir délégation du ministre du Budget pour émettre et rendre exécutoires les titres de perception qui sont de la compétence de ce ministre.

Par ailleurs, la faculté de transaction reconnue à l'agent judiciaire du Trésor (art. 90 du décret de 1962) est maintenue. Enfin, les conditions dans lesquelles sont accordées des remises gracieuses de dettes (art. 91), ainsi que la procédure d'admission en non-valeur des créances irrécouvrables (art. 92), ont été modifiées par deux décrets du 29 décembre 1992 (voir chap. 7).

LES PARTICULARITÉS PROPRES À CERTAINES OPÉRATIONS DE RECETTES DE L'ÉTAT

Il convient de faire une place à part aux recettes fiscales (92 % du budget de l'État) avant de donner quelques éléments sur les particularités relatives à la perception des autres recettes. D'une façon générale, « *les impôts et recettes assimilées sont liquidés et recouvrés dans les conditions prévues par le Code général des impôts, le Code des douanes et les lois et règlements* » (art. 74 du décret de 1962). Il y a cependant lieu de distinguer entre les impôts directs et indirects.

■ La perception des impôts directs

Il faut distinguer les opérations de l'ordonnateur et du comptable.

- **Les opérations de l'ordonnateur.** En matière d'impôts directs, l'ordonnateur effectue trois opérations : la ***constatation des droits*** par l'assiette de l'impôt, la ***liquidation*** par le calcul du montant de l'impôt, l'***émission d'un ordre de recettes*** par l'émission d'un titre de perception, en principe un rôle.

– L'**assiette** permet à la Direction générale des impôts (DGI) de déterminer le montant de la matière imposable de chaque contribuable. Pour ce faire, l'administration fiscale est tenue de se conformer aux dispositions fiscales que la loi de finances a rendues applicables. L'assiette peut donner lieu soit à évaluation directe par le service des impôts, soit à évaluation sur la base des déclarations des contribuables. En pratique, le système de la déclaration des revenus par les contribuables est le plus utilisé, mais l'administration dispose d'un important pouvoir de contrôle afin de vérifier qu'il n'y a pas dissimulation de la matière imposable par le contribuable.

– La **liquidation** de l'impôt permet de calculer ce que chaque contribuable va devoir payer. Elle varie selon qu'il s'agit d'un impôt de répartition ou de quotité. Pour les ***impôts de répartition***, la somme totale que doit rapporter l'impôt est déterminée à l'avance au plan national. Cette somme est ensuite répartie entre les départements. Les départements sous-répartissent alors le montant à recouvrer entre les arrondissements qui procèdent à leur tour à une répartition entre les communes. Enfin, dans la commune, la part de chaque contribuable est calculée en fonction des bases d'imposition des contribuables. Pour les ***impôts de quotité***, la liquidation est assurée en fonction d'un taux appliqué à la matière imposable de chaque contribuable. Actuellement, la plupart des impôts directs sont des impôts de quotité. Pour liquider les impôts, les services de la Direction générale des impôts se chargent de la confection d'une matrice générale pour un ensemble d'impôts et de matrices particulières pour certains impôts. Les extraits des matrices sont communiqués aux communes pour la taxe foncière, la taxe d'habitation.

– L'**émission d'un titre de perception** que l'on appelle le ***rôle*** vaut ordre de recettes. Les impôts directs sont généralement recouvrés par voie de rôle.

Concrètement, un rôle est la liste nominative alphabétique des contribuables d'une commune avec l'indication des bases d'imposition et du montant de l'impôt réclamé à chaque contribuable. Ce rôle est confectionné par les services des contributions directes à partir des matrices d'impôts. Il est ensuite homologué par le préfet ou le directeur départemental des services fiscaux. L'homologation consiste à certifier que le contenu du rôle a été vérifié.

- **Les opérations du comptable.** En matière d'impôts directs, le comptable effectue la ***prise en charge du rôle*** et se charge du ***recouvrement***.

– **Les rôles homologués sont pris en charge** par les comptables directs du Trésor, qui deviennent personnellement responsables sur leurs biens propres de leur recouvrement. Toutefois, lorsque le comptable a fait diligence pour recouvrer l'impôt mais que ses efforts ont été sans effet, il existe une possibilité de faire admettre en non-valeur les contributions irrécouvrables.

– **Pour le recouvrement**, le contribuable reçoit un avis d'imposition qui n'est en réalité qu'un article du rôle indiquant le montant de l'impôt, la date de mise en recouvrement et le délai de paiement. Depuis une loi du 29 juin 1971, il existe des possibilités de paiement mensuel par acomptes. Lorsque le contribuable refuse de payer, les comptables mettent en œuvre une procédure de recouvrement forcé. Après une lettre de rappel, le comptable rend exécutoire le rôle nominatif en décernant une contrainte. Un commandement est notifié par lettre recommandée au contribuable puis, après trois jours, si ce commandement est resté sans effet, le Trésor fait procéder à la saisie-exécution mobilière et immobilière et à la vente aux enchères publiques de ce qui a été saisi. Le taux net de recouvrement des impôts directs était de 98,41 % au 31 décembre (source : *Les recettes publiques 1999*, DGCP).

■ La perception des impôts indirects

En matière d'impôts indirects, la séparation entre ordonnateurs et comptables est atténuée. Les impôts indirects ne donnent en principe pas lieu à l'émission d'un titre de perception (sauf en cas de refus de paiement par le contribuable). Dans le cas général, on passe directement de la liquidation au recouvrement de l'impôt indirect. Ces tâches normalement séparées sont pourtant assurées par la même administration financière. Cependant, on retrouve une séparation des tâches puisque le recouvrement incombe aux comptables particuliers de ces administrations financières (receveurs des Douanes, receveurs des Impôts indirects). L'émission d'un titre de recettes réapparaît dans l'hypothèse où le contribuable refuse de payer l'impôt indirect ou après un redressement.

■ Le recouvrement des recettes non fiscales

Le recouvrement des recettes non fiscales connaît quelques particularités pour les créances domaniales (art. 75 du décret de 1962). Il existe d'autres spécificités relatives au recouvrement des amendes et autres condamnations pécuniaires (art. 76 à 79 du décret de 1962).

C. Les opérations relatives aux dépenses de l'État

Les opérations d'exécution du budget en dépenses sont plus simples. Le principe de la séparation des ordonnateurs et des comptables est appliqué strictement, malgré quelques atténuations pour les dépenses de personnel.

LES OPÉRATIONS DE L'ORDONNATEUR : L'ENGAGEMENT (CONTRÔLE FINANCIER), LA LIQUIDATION ET L'ORDONNANCEMENT

En matière de dépenses, l'ordonnateur est chargé de l'engagement, de la liquidation et de l'ordonnancement.

L'engagement

C'est l'acte par lequel l'État crée ou constate à son encontre une obligation de laquelle résultera une charge (art. 29 du décret de 1962). En pratique, on distingue l'***engagement juridique*** et l'***engagement comptable***.

- L'**engagement juridique** résulte d'un acte juridique (la passation d'un marché public, la signature d'un bon de commande, etc.) qui fait naître une obligation à la charge de l'État.
- L'**engagement comptable** est l'affectation de crédits budgétaires à la réalisation d'une dépense particulière. Cette affectation est tenue sur la comptabilité des engagements. Avant de s'engager juridiquement, il est nécessaire que l'ordonnateur s'assure que cela est possible budgétairement. Autrement dit, il faut que, sur le chapitre concerné par la dépense, il existe suffisamment de crédits disponibles, compte tenu des engagements déjà ordonnancés et des dépenses engagées en attente d'ordonnancement. L'ordonnateur ne peut engager l'État au-delà des disponibilités du chapitre (sauf si la dépense s'impute sur un chapitre de crédits évaluatifs).

D'après l'article 96 du décret de 1962, les ordonnateurs principaux ont seuls qualité pour engager les dépenses de l'État mais ils ont la possibilité de déléguer aux ordonnateurs secondaires l'autorisation d'engagement. Au niveau ministériel, l'engagement donne lieu à un avis préalable du contrôleur financier en application de la loi du 10 août 1922. Par ailleurs, les dépenses de l'État engagées localement donnent lieu à un avis préalable du trésorier-payeur général, qui est chargé du contrôle financier local en application du décret du 13 novembre 1970. Enfin, il faut rappeler que l'engagement des dépenses ordinaires ne peut plus être fait après le 30 novembre, sauf urgence.

La liquidation

D'après l'article 30 du décret de 1962, « *la liquidation a pour objet de vérifier la réalité de la dette et d'arrêter le montant de la dépense* ». Autrement dit, selon la dépense liquidée, s'il s'agit d'un marché ou d'un contrat de fourniture, il est nécessaire que la marchandise soit effectivement livrée. S'il s'agit d'une dépense de personnel, il est nécessaire que le fonctionnaire soit installé (signature du procès-verbal d'installation). Cette règle que les comptables sont aussi tenus de faire respecter est celle du ***service fait***.

L'ordonnancement

« ***L'ordonnancement est l'acte administratif donnant, conformément aux résultats de la liquidation, l'ordre de payer*** » les dépenses de l'État (art. 31 du décret de 1962). D'après les articles 100 et suivants du décret de 1962, les ordonnateurs principaux émettent des ordonnances de paiement, alors que les ordonnateurs secondaires émettent des mandats de paiement. En effet, les ordonnateurs secondaires bénéficient d'ordonnances de délégation de la part des ordonnateurs principaux. C'est en fonction des crédits qui leur sont ainsi délégués par les ordonnateurs principaux que les ordonnateurs secondaires peuvent émettre des mandats de paiement dans la limite des crédits délégués.

- **Du point de vue juridique**, les ordonnances de paiement ou de délégation doivent être revêtues du visa préalable du contrôleur financier. Celui-ci vérifie notamment la disponibilité des crédits et l'imputation de la dépense sur le bon chapitre. Depuis une circulaire du ministre de l'Économie, des Finances et du Plan du 26 octobre 1995, l'ordonnancement n'est possible que jusqu'au 31 décembre (et non plus au 20 janvier suivant) pour les dépenses ordinaires autres que de personnel engagées jusqu'au 30 novembre.
- **Du point de vue comptable**, une comptabilité des ordonnancements est tenue au niveau de l'ordonnateur principal. Une comptabilité des engagements et des ordonnancements est tenue au niveau du contrôleur financier central. Le but de ces comptabilités est de permettre aux services financiers et au contrôleur financier de savoir à tout moment quels sont les montants disponibles sur chaque chapitre, compte tenu des engagements et des ordonnancements déjà intervenus. De même, il existe une comptabilité des engagements et mandatements chez les ordonnateurs secondaires.

Il existe des atténuations au principe de la séparation des ordonnateurs et des comptables pour les ***dépenses de personnel*** engagées en bloc au début de chaque année civile. Toutefois, pour des raisons de rapidité et de continuité, le paiement des dépenses de personnel ne donne pas lieu à ordonnancement préalable (décret du 13 mai 1961). Les traitements sont liquidés et payés directement par les trésoriers-payeurs généraux des régions en fonction des renseignements fournis par les administrations dans les fiches liaisons-traitements concernant chaque fonctionnaire.

LES OPÉRATIONS DU COMPTABLE : LE PAIEMENT (SERVICE FAIT, DÉCHÉANCE QUADRIENNALE)

Le comptable assignataire de la dépense, en général le trésorier-payeur général du département (ou de la région pour les dépenses de personnel), doit effectuer les contrôles de tout comptable sur la régularité de l'opération de dépense depuis la phase d'engagement.

■ Le contrôle du comptable

À cet effet, il contrôle notamment la qualité de l'ordonnateur, l'imputation de la dépense sur le bon chapitre budgétaire, la disponibilité des crédits, la validité de la créance (justification du service fait, exactitude des calculs de liquidation) [voir chap. 7]. Le comptable doit refuser de payer s'il constate des irrégularités. Il existe cependant des possibilités de réquisition du comptable par l'ordonnateur (voir chap. 1). Par ailleurs, le comptable ne peut payer qu'après service fait.

La prescription quadriennale

Le comptable ne doit pas payer les dépenses auxquelles s'applique la prescription quadriennale. On parlait autrefois de ***déchéance quadriennale*** (loi du 29 janvier 1831). Le régime juridique de la prescription quadriennale est organisé par la loi n° 68-1250 du 31 décembre 1968, modifiée par le décret n° 98-81 du 11 février 1998 après délégalisation par le Conseil constitutionnel (décision n° 97-181 L du 16 décembre 1997). Avec la loi de 1968, le juge compétent au fond étant aussi juge de l'exception de la prescription, il en est résulté un important contentieux judiciaire. C'est pourquoi une abondante jurisprudence, tant administrative que judiciaire, est venue préciser (ou obscurcir) le régime juridique de la prescription quadriennale (voir résumé d'un dossier de l'Agent judiciaire du Trésor, *Les Notes Bleues de Bercy*, n° 14, mai 1993).

- **Le champ d'application de la prescription.** D'après l'article 1er de la loi du 31 décembre 1968 :

  « *Sont prescrites, au profit de l'État, des départements et des communes, sans préjudice des déchéances particulières édictées par la loi, et sous réserve des dispositions de la présente loi, toutes créances qui n'ont pas été payées dans un délai de quatre ans à partir du premier jour de l'année suivant celle au cours de laquelle les droits ont été acquis.*

  « *Sont prescrites, dans le même délai et sous la même réserve, les créances sur les établissements publics dotés d'un comptable public.* »

  Cela signifie que l'État, lorsqu'il n'a pas payé une dépense dans les quatre ans décomptés à partir du premier jour de l'année qui suit le moment où les droits sont acquis par un créancier, ***doit opposer la prescription quadriennale et refuser de payer***.

  Il existe une divergence depuis 1982 entre les jurisprudences administrative et judiciaire quant à savoir si le point de départ à prendre en compte est le ***fait générateur du dommage*** (Cass., 2e civ., 18 février 1976, *Agent judiciaire du Trésor c/ Dame A. et autres, Bull. civ.* II n° 58; CE, 28 septembre 1990, *CHS d'Armentières et Mutuelle générale française accidents, Rec.* p. 260, *AJDA* 1991, p. 61, note Xavier Pretot) ou la ***décision judiciaire consacrant la créance*** (Cass., 2e civ., 21 avril 1982, *Agent judiciaire du Trésor c/ Époux G. et autres, Bull. civ.* II n° 58). Le Tribunal des conflits a tranché dans le sens du fait générateur du dommage (TC, 21 janvier 1985, *Préfet commissaire de la République de la région Lorraine c/ Cour d'appel de Metz, Rec.* p. 399, concl. Mme Latournerie), mais le juge judiciaire, plus favorable aux administrés, persiste à faire prévaloir la date de la décision judiciaire (Cass., 2e civ., 22 avril 1992, *Agent judiciaire du Trésor c/ M. X..., Bull. civ.* II n° 135).

  Cependant, cette prescription ne s'applique pas lorsque le créancier n'a pas réclamé le paiement de sa créance soit parce qu'il en ignorait l'existence, soit parce qu'il était dans l'impossibilité d'en demander le paiement pour cas de force majeure. La prescription ne s'applique pas non plus aux dépôts et consignations et aux intérêts des sommes déposées et consignées. La prescription ne peut être appliquée par l'administration pour s'opposer à l'exécution d'une décision passée en force de chose jugée.

- **L'interruption de la prescription.** La prescription est interrompue : **1°)** par toute demande de paiement ou réclamation écrite adressée par un créancier à l'autorité administrative ; **2°)** par tout recours formé devant une juridiction à propos de cette créance, quel que soit le requérant et même si la juridiction saisie est incompétente ; **3°)** par toute communication écrite de l'administration à propos de la créance même si cette communication n'est pas adressée au créancier ; **4°)** par toute émission de moyen de règlement même partiel de la créance, et même si le créancier n'a pas été exactement désigné.

  En cas d'interruption de la prescription, le délai repart à compter du premier jour de l'année qui suit l'interruption ou, si l'interruption résulte d'un recours juridictionnel, le délai repart le premier jour de l'année qui suit la date où la décision est passée en force de chose jugée. L'administration peut opposer la prescription quadriennale tant que la juridiction saisie du litige au premier degré ne s'est pas prononcée sur le fond.

- **La mise en œuvre de la prescription.** D'après le décret n° 98-81 du 11 février 1998, les ordonnateurs principaux ou secondaires sont compétents pour opposer la prescription quadriennale relative à une créance sur l'État. Ils peuvent pour cela consulter le comité du contentieux placé auprès de l'agent judiciaire du Trésor.

  Les créanciers de l'État peuvent être relevés en tout ou partie de la prescription en raison de circonstances particulières tenant notamment à la situation du créancier. D'après l'article 3 du décret n° 98-81 du 11 février 1998 précité, seules sont maintenues sous le régime d'une décision conjointe du ministre ordonnateur et du ministre de l'Économie et des Finances, les décisions de relèvement concernant les créances prescrites dont le montant est égal ou supérieur aux seuils fixés par le décret n° 99-89 du 8 février 1999 (50 000 F pour les créances des agents de l'État ; 100 000 F pour les autres créances ; ce dernier montant est porté à 500 000 F pour une créance trouvant son origine dans un fait dommageable susceptible d'engager la responsabilité de l'État). Pour les créances inférieures à ces seuils, la décision de relèvement sera prise après avis du comptable assignataire de la dépense par l'ordonnateur de la créance. Cet avis, obligatoire mais non conforme, est donné explicitement dans les quinze jours après réception du projet de décision de l'ordonnateur. Après ce délai, l'avis est réputé favorable. L'ordonnateur peut aussi consulter le comité du contentieux.

■ Le paiement

Lorsque le comptable estime que l'opération est régulière, il appose son visa « vu, bon à payer » sur l'ordonnance ou le mandat de paiement et procède au règlement du créancier. Le règlement doit avoir ***un caractère libératoire*** de telle sorte que les sommes soient bien versées au bon créancier, bref que l'État soit libéré de sa dette. Pour cela, le comptable exige une quittance du bénéficiaire du règlement, sauf lorsque les règlements sont effectués par virements bancaires. Le règlement en numéraire est strictement réglementé (décret du 4 février 1965).

En pratique, les administrations ont souvent la réputation de payer en retard. En 1999, le délai moyen de paiement des comptables de l'État a été ramené à 8,4 jours contre 11,6 en 1995 (Direction générale de la Comptabilité publique, *Rapport d'activité 1999*, 2000, p. 8).

Diverses mesures ont été prises pour encore simplifier la réglementation, accélérer le paiement en limitant les formalités imposées aux créanciers des collectivités publiques. Par ailleurs, à titre expérimental, l'administration a accepté de s'engager sur ***un délai de règlement conventionnel*** vis-à-vis de ses fournisseurs, en application d'une lettre circulaire du ministre du Budget (circ. n° 358 du 12 juillet 1991). De plus, l'État et d'autres collectivités publiques ont, depuis le décret n° 90-1071 du 30 novembre 1990, la possibilité de s'engager sur la date de paiement des titulaires de marchés publics au moyen d'***une lettre de change relevé*** (voir : Trésor Public, *La modernisation des procédures budgétaires et comptables de l'État*, avril 1993).

2. La comptabilité de l'État

Les opérations de dépenses et de recettes sont comptabilisées par les comptables publics. À ce propos, il n'est pas inutile d'étudier brièvement la ***comptabilité générale de l'État*** (A) ainsi que la ***nomenclature comptable*** (B).

A. La comptabilité générale de l'État

La comptabilité de l'État comprend une comptabilité générale et des comptabilités spéciales des matières, valeurs et titres (art. 132 du décret de 1962).

(Voir texte de base : instruction n° 87-128 PR du 29 octobre 1987 sur la comptabilité de l'État, *Bulletin officiel de la Comptabilité publique*; voir aussi : Michel Prada et René Barberye, *La Comptabilité publique*, Berger-Levrault, 3e éd., 1988, 376 p.; Jacques Magnet, *Éléments de comptabilité publique*, LGDJ, 1994 et, du même auteur : *Les comptables publics*, LGDJ, 1995).

L'***agent comptable central du Trésor*** est chargé de la centralisation de la comptabilité générale de l'État qui est tenue par les comptables publics. Cette comptabilité générale est tenue, pour le budget général, conformément à un plan comptable qui s'inspire du Plan comptable général (instruction n° 87-128 PR). En revanche, s'agissant des budgets annexes et des comptes spéciaux du Trésor, le décret de 1962 va plus loin et exige une conformité avec le Plan comptable général applicable aux entreprises privées.

La comptabilité générale de l'État est tenue en partie double ; il ne s'agit pas simplement d'une forme d'enregistrement des opérations comme par exemple pour la comptabilité administrative de l'ordonnateur.

LES DOCUMENTS PÉRIODIQUES RETRAÇANT LA SITUATION DE LA COMPTABILITÉ DE L'ÉTAT

Les documents périodiques des situations sont chaque jour l'EQUOT (Éléments quotidiens de trésorerie), chaque semaine la SH (situation hebdomadaire), chaque mois la SROT (situation résumée des opérations du Trésor). Ces résultats sont aussi présentés périodiquement dans la SPOT (situation provisoire des opérations du Trésor) et le TSOT (Tableau synthétique des opérations du Trésor). Depuis 1995, une Situation du Budget de l'État, la SMB, d'abord publiée chaque trimestre (voir : *Les Notes Bleues de Bercy*, n° 79, 1996 ; Jacques Perreault, « Les documents de synthèse comptables de l'État », *La Revue du Trésor*, octobre 1995), est désormais mensuelle.

■ La situation quotidienne (l'EQUOT)

Techniquement, c'est seulement depuis le 1er janvier 1987 que la centralisation quotidienne de la comptabilité générale de l'État est une réalité avec l'EQUOT (Éléments quotidiens de trésorerie). Pour cela, il a fallu que l'administration du Trésor réalise l'intégration des écritures quotidiennes des postes non centralisateurs dans la comptabilité des trésoreries générales. Depuis 1987, l'ensemble du réseau du Trésor, grâce à l'informatique, remonte les informations comptables à l'Agence comptable centrale du Trésor.

■ La situation hebdomadaire (la SH)

Créée en 1948, la situation hebdomadaire est longtemps restée l'élément essentiel d'information du ministre sur l'exécution de la loi de finances et la gestion de la trésorerie de l'État. La situation hebdomadaire permet également de suivre et l'exécution des lois de finances et l'évolution de la gestion de la trésorerie.

■ Les situations mensuelles (SROT, TSOT, SMOT, SMB)

- **La situation résumée des opérations du Trésor (SROT)**. Elle a été créée en 1936. Contrairement à l'EQUOT et à la SH, qui ont un caractère confidentiel, la SROT est régulièrement publiée au *Journal officiel* (exemple : SROT au 31 août 2000 au *JO* du 19 octobre 2000, pp. 16713-16746).

La SROT, arrêtée chaque mois, comprend trois éléments :

– Le premier est un tableau intitulé « ***Éléments de l'actif financier et de l'en-***

dettement ». C'est une notion proche du bilan du Plan comptable général, qui permet de retracer les flux et les soldes de la situation patrimoniale de l'État.

– Le deuxième est le tableau intitulé « ***Opérations budgétaires et de trésorerie de la gestion en cours*** ». Ce tableau permet de suivre, d'une part, les flux d'exécution des lois de finances de l'année courante, de l'année précédente et de l'année suivante, et d'autre part, les flux d'opérations de trésorerie corrélatives.

– Le troisième est le tableau intitulé « ***Opérations budgétaires de l'exercice*** ». Ce tableau présente les flux d'exécution des lois de finances initiale et rectificatives concernant le budget de l'année en cours, en distinguant leur imputation en gestion précédente, en gestion courante et en gestion suivante.

La première SROT ne peut pas sortir avant la publication du compte général de l'administration des Finances (avril de l'année *N* + 1). Aussi, la Direction de la Comptabilité publique complète la SROT par la SMOT, qui en est une version provisoire et allégée.

- **La situation mensuelle des opérations du Trésor (SMOT).** Elle succède depuis 1998 à l'ancienne ***Situation provisoire des opérations du Trésor*** (***SPOT***). La SMOT reprend les éléments de trésorerie de la SROT. Elle retrace l'exécution des opérations budgétaires depuis le 1er janvier de l'année civile qui concerne les budgets de trois exercices (période complémentaire de l'année *N* – 1 ; année *N*; dépenses par anticipation de l'année *N* + 1). Elle analyse les opérations de trésorerie dans des tableaux de flux permettant de visualiser le financement des lois de finances exécutées dans l'année et l'évolution de la dette. La Situation du budget de l'État comme la SMOT et le TSOT sont accessibles sur le site internet des Finances.
- **Le Tableau synthétique des opérations du Trésor (TSOT)**. Le TSOT n'est qu'une présentation de vulgarisation qui n'apporte aucune information supplémentaire par rapport à la SROT. Il permet, sous forme de diagrammes publiés dans *Les Notes Bleues de Bercy*, de visualiser l'évolution des finances publiques de l'État.
- **La situation mensuelle du budget de l'État (SMB).** Afin de faire bénéficier les opérateurs financiers d'informations précises en cours d'année sur l'état des finances de l'État, la France, à l'image des grands pays industrialisés, dispose désormais de la SMB. Cette situation mensuelle dresse l'exécution budgétaire de l'État par rapport aux lois de finances initiales et aux lois de finances rectificatives sur les trois exercices en gestion. Elle permet de suivre le solde budgétaire en exécution, ainsi que les dépenses et les recettes du budget général.

LE COMPTE GÉNÉRAL DE L'ADMINISTRATION DES FINANCES

Le compte général de l'administration des Finances (CGAF) est prévu par l'article 141 du décret de 1962 qui dispose :

« (...) *Le compte général de l'administration des Finances comprend :*

La balance générale des comptes telle qu'elle résulte de la synthèse des comptes des comptables publics;

Le développement des recettes budgétaires;

Le développement des dépenses budgétaires faisant apparaître pour chaque département ministériel le montant des dépenses par chapitre certifié par le ministre intéressé;

Le développement des opérations constatées aux comptes spéciaux du Trésor;

Le développement des comptes de résultat. »

Le **Compte général de l'administration des Finances 1999** (signé le 13 avril 2000; voir *Les Notes Bleues de Bercy*, n° 192, octobre 2000) rassemble dans un ***Rapport de présentation*** (accessible sur internet : www.finances.gouv.fr) les principaux éléments prévus par le plan comptable (bilan de l'État et compte de résultat) et donne diverses informations sur la poursuite de la rénovation de la comptabilité de l'État entreprise depuis 1997 pour notamment améliorer la sincérité des comptes (voir l'éditorial de ce rapport). Ce *Rapport de présentation* comprend d'abord un rapport d'activité qui décrit l'exécution du budget de 1999, le financement de la gestion (charges à financer, moyens de financement) et une analyse patrimoniale reprenant le bilan, le compte de résultat et la dette garantie. Le *Rapport de présentation* comprend ensuite les documents financiers (bilan au 31 décembre 1999; compte de résultat; exécution de la loi de finances; tableau des flux de trésorerie; articulation des soldes). Le *Rapport de présentation* comprend enfin des annexes comptables et des tableaux détaillés, et en particulier une très utile présentation du système comptable de l'État.

Au 31 décembre 1999, au plan budgétaire, le déficit d'exécution global s'est établi à 206 milliards de francs. Au plan patrimonial, le ***bilan de l'État*** était de 1 656,9 milliards de francs. *À l'actif* de ce bilan, on trouve 1 199,8 milliards de francs pour l'actif immobilisé (dont les immobilisations incorporelles et corporelles pour 504,1; les dotations et participations pour 561,7...) et 371,4 milliards pour l'actif circulant (dont 115 pour les redevables). *Au passif*, la situation nette de l'État s'élevait à – 3 082,1 milliards; à 4 061,8 milliards de francs pour la dette financière (dont la dette négociable pour 3 932,8 et la dette non négociable pour 119,4), à 589 pour les autres dettes et à 88,2 pour les autres postes. Le **compte de résultat** présentait une perte de 177,6 milliards de francs, dont 159,2 milliards pour le résultat courant et 18,4 milliards pour le résultat exceptionnel. Le *résultat courant* enregistre : I.- les charges de fonctionnement (1 935,8 milliards, dont 662,8 pour le personnel); II.- les produits de fonctionnement (2 252,8 milliards, dont 1 960,4 de produits fiscaux); III.- les prélèvements sur recettes (267,7 milliards); IV.- les produits financiers (41,9 milliards, dont 22,8 d'intérêts); V.- les charges financières (250 milliards, dont 233 pour les intérêts sur les dettes financières). Le *résultat exceptionnel* comptabilise sur les opérations de gestion et sur les opérations en capital :

VI.- les produits exceptionnels (pour 53,8 milliards) et VII.- les charges exceptionnelles (pour 72,2 milliards).

La **Balance générale des comptes 1999** présente dans un document séparé de 120 pages les balances des comptes des classes 1 à 9 et de la classe 0 (voir ci-après la nomenclature comptable), puis le développement des dépenses budgétaires par titre et par ministère et, enfin, des développements divers. Ces développements concernent le compte 012 : « Résultats des budgets non réglés - année 1999 » dont les résultats sont à inscrire au compte 02 : « Découverts du Trésor » après le vote de la loi de règlement du budget 1999. Avant ce vote, les découverts du Trésor figurant au compte 02 s'élevaient à 3 499 milliards de francs au 31 décembre 1999.

Le Compte général de l'administration des Finances comprend également un document de 40 pages sur le **« Développement des recettes budgétaires - Comptes spéciaux du Trésor 1999 »**. Enfin, le Compte général de l'administration des Finances est complété par le regroupement des **pièces justificatives des écritures comptables**. Ces pièces justificatives sont transmises, sous forme de liasse, mensuellement ou trimestriellement à la Cour des comptes.

B. La nomenclature comptable

La nomenclature comptable de l'État s'inspire très nettement de la comptabilité privée. Le plan comptable de l'État (instruction n° 87-128 PR du 29 octobre 1987), mis en application depuis le 1er janvier 1988, tient compte de la révision du Plan comptable général de 1982, applicable aux entreprises. L'objectif poursuivi par la comptabilité de l'État est d'améliorer le contenu et la lisibilité des opérations décrites pour le Parlement et la Cour des comptes. C'est aussi d'articuler cette comptabilité avec les autres comptabilités du secteur public, pour obtenir à terme un compte général complet et une consolidation des comptes du secteur public, et faciliter l'insertion des opérations de l'État dans la comptabilité économique nationale.

Le Plan comptable de 1987 maintient les particularités liées à la spécificité de l'État (classe 3 pour les opérations internes à l'État, classe 9 pour la comptabilité budgétaire analytique et classe 0 pour obtenir les résultats des lois de règlement). Le tome 1 de l'instruction (« *Le cadre comptable* ») donne l'énumération détaillée des comptes (pp. 33-127) alors que le tome 2 est notamment consacré à la description des opérations. La nomenclature comprend ainsi : 5 classes de comptes de bilan pour les éléments du patrimoine de l'État (classes 1 à 5) ; 2 classes pour la présentation économique des opérations d'exécution des lois de finances (classes 6 et 7) ; une classe pour les comptes spéciaux (classe 8) ; une classe pour la présentation budgétaire des opérations d'exécution des lois de finances (classe 9) ; une classe pour les résultats des lois de règlement et comptes d'ordre (classe 0).

LES COMPTES DE BILAN (CLASSES 1 À 5)

- **La classe 1 : Résultats et dettes.** Elle comprend des comptes de résultat. La différence entre les charges (classe 6) et les produits (classe 7) est soldée dans le compte 117 « Résultats de l'année ». La classe 1 a pour fonction essentielle de décrire les opérations relatives à la dette publique.
- **La classe 2 : Comptes d'immobilisations.** Cette nouvelle classe 2, depuis 1987, fait apparaître non seulement les actifs financiers de l'État (prêts, dotations, participations, avances, etc.) mais aussi les immobilisations incorporelles (brevets, licences, marques) et corporelles (terrains, constructions, installations techniques, matériels et outillage industriels).
- **La classe 3 : Comptes internes.** Contrairement à la comptabilité privée, elle ne correspond pas à un compte de stocks mais décrit les relations comptables entre les comptables de l'État et les comptables de services non personnalisés.
- **La classe 4 : Comptes de tiers.** Elle enregistre les créances et les dettes liées à des opérations non exclusivement financières à court terme dans les relations de l'État avec les tiers.
- **La classe 5 : Comptes financiers.** Elle enregistre les mouvements de valeurs en chèques, en espèces, les opérations avec les banques et la Banque de France.

LES COMPTES DE PRÉSENTATION ÉCONOMIQUE DES OPÉRATIONS BUDGÉTAIRES (CLASSES 6 À 9 ET CLASSE 0)

- **La classe 6 : Comptes de charges.** Elle enregistre les charges et comprend des opérations inscrites qui proviennent du basculement en fin d'année d'une partie des dépenses budgétaires suivies en classe 9.
- **La classe 7 : Comptes de produits.** Comme en comptabilité privée, elle enregistre trois sortes de produits. On trouve d'abord les comptes ***correspondant à l'exploitation normale et courante***. C'est donc là pour l'État que sont inscrits notamment les produits fiscaux. On trouve ensuite les comptes ***relatifs à la gestion financière***. On trouve enfin les comptes ***relatifs aux opérations exceptionnelles***.
- **La classe 8 : Comptes spéciaux.** Elle permet de recenser les opérations hors bilan qui ne peuvent être enregistrées ni dans les classes 1 à 7, ni en classe 9 parce qu'il ne s'agit pas de comptabilité budgétaire. Elle comporte un compte 80 « Dette garantie ou gérée par l'État ».
- **La classe 9 : Comptabilité budgétaire analytique.** Elle est importante dans la mesure où elle décrit au jour le jour, tout au long de l'année, l'exécution des lois de finances.
- **La classe 0 : Résultats des lois de règlement - Comptes d'ordre.** Elle met

en évidence les résultats comptables exigés par le droit budgétaire. On trouve notamment dans cette classe : un compte 01 qui enregistre les résultats des budgets réglés en distinguant ceux qui ont été discutés et votés par le Parlement de ceux qui sont encore en attente d'être réglés ; un compte 02 relatif aux découverts du Trésor, une fois que le vote est intervenu ; un compte 03 consacré aux comptes spéciaux du Trésor en activité, qui enregistre le solde global de chaque compte spécial du Trésor au 31 décembre.

Après avoir vu comment les ordonnateurs et les comptables exécutent le budget et comment l'État tient sa comptabilité, il est utile d'indiquer comment le Trésor gère les finances de l'État.

3. Le Trésor et la gestion des finances de l'État

Pour tenter de comprendre, dans leurs grandes lignes, les mécanismes qui permettent au Trésor de gérer les finances publiques, il faut partir des ***besoins de financement de l'État*** (A) et voir quels sont les ***modes de financement*** de ces besoins (B).

A. Les besoins de financement de l'État

Les besoins de financement de l'État ont essentiellement trois sources : tout d'abord, l'État doit trouver les moyens de financer les ***déficits budgétaires*** ; ensuite, il doit faire face à diverses ***contraintes conjoncturelles de trésorerie*** ; enfin, il doit être en mesure de faire face aux besoins liés au ***remboursement de la dette publique***.

LES BESOINS LIÉS AUX DÉFICITS BUDGÉTAIRES

Bien que la loi de finances puisse prévoir un déficit, il n'en demeure pas moins que, dans son exécution, l'État est tenu de couvrir ses dépenses. C'est donc une fonction du Trésor que d'être le banquier de l'État. Ce besoin de financement résultant du solde d'exécution des lois de finances ne tient pas compte des opérations avec le FMI et avec le FSC, lesquelles ne donnent lieu à aucune sortie de trésorerie pour l'État. Le ***solde en gestion*** de l'année *N*, solde effectif à financer en trésorerie, joue sur trois lois de finances. Il comprend les opérations de la période complémentaire de la loi de finances de l'année *N* – 1 effectuées au cours de l'année *N*, les opérations de la loi de finances de l'année *N* (sauf celles exécutées par anticipation à *N* – 1 et celles qui seront exécutées ultérieurement en période complémentaire à *N* + 1), les opérations de la loi de finances de l'année *N* + 1 effectuées par anticipation lors de l'année *N*.

LES BESOINS LIÉS AUX CONTRAINTES CONJONCTURELLES DE TRÉSORERIE

Le Trésor, même en période d'équilibre budgétaire, doit faire face à deux problèmes. Il doit trouver les moyens d'ajuster les finances publiques en raison du ***décalage entre le rythme d'exécution des dépenses budgétaires et celui des recettes***. Il doit aussi trouver les moyens de financer les ***avances faites aux collectivités territoriales***. En ce qui concerne les rythmes d'exécution des recettes et des dépenses budgétaires, on estime que cela crée un besoin temporaire de financement de l'ordre de 20 milliards de francs sur la base des chiffres de 1988.

LES BESOINS LIÉS AU REMBOURSEMENT DE LA DETTE PUBLIQUE

La dette publique s'analyse comme l'***ensemble des emprunts émis et non encore remboursés***. Cela exclut donc la dette viagère (traitements des fonctionnaires et pensions). Les opérations d'émissions et de remboursements d'emprunts, classées comme opérations de trésorerie par l'article 113 du décret de 1962, n'apparaissent pas dans le budget de l'État, qui ne prend en compte, en dépenses, que les intérêts de la dette de l'État. Cependant, ces opérations de trésorerie doivent être prises en compte par le Trésor. (Voir Paul Amselek : « La distinction des opérations permanentes et des opérations de trésorerie de l'État », *RFFP*, n° 51, 1995).

■ La dette publique interne

La dette publique interne comporte : ***les emprunts à long et moyen terme dont l'échéance est supérieure à cinq ans***. On parle dans ce cas de *dette inscrite* (la dette était inscrite autrefois au Grand livre de la dette publique. Le Grand livre devait constituer le titre unique de tous les créanciers de l'État, en vertu de la loi du 24 août 1793. Ce n'est plus le cas avec les emprunts obligataires qui ne figurent pas au Grand livre) ; ***les emprunts émis à moins de cinq ans***, qui forment la *dette à court terme* (ou *dette flottante*). Cette dette flottante est d'origine monétaire, elle se traduit essentiellement par diverses formules de bons du Trésor ; ***les avances et prêts consentis au Trésor par la Banque de France avant le 1er janvier 1994***.

■ La dette extérieure

Elle résulte d'emprunts auprès d'États étrangers ou d'organismes internationaux comme le FMI. Cette dette varie, bien évidemment, en fonction des variations des taux de change. Les emprunts extérieurs en devises ne figurent pas toujours à la dette extérieure lorsque leur finalité n'est pas de couvrir le déficit budgétaire mais de conforter les réserves de changes de l'État.

■ Le poids de la dette publique

La part de l'encours de la dette dans le PIB s'accroît. Stabilisée à 15 % du PIB au cours des années 1970, la dette publique est ainsi passée entre 1980 et 1992 de 14,9 % à 30,1 % du PIB (au 31 décembre 1992). Elle a atteint près de 35 % du PIB en 1993, dépassé 41,2 % en 1995, pour atteindre 59,7 % en 1998 et redescendre à 57,2 % du PIB en 2001 selon le projet de loi de finances (PIB estimé à 9 624,4 milliards en 2001, *Les Notes Bleues de Bercy*, projet de loi de finances pour 2001, septembre 2000, tableau 1, p. 78).

L'accroissement de la dette a de multiples causes, parmi lesquelles il faut indiquer le stock des dettes passées, les flux d'endettement nouveaux en raison de la persistance de déficits publics supérieurs à 2 % du PIB entre 1981 et 1988, ainsi que depuis 1992 (4,45 % en exécution en 1993).

Enfin, l'État a repris à sa charge la dette d'organismes supprimés comme, par exemple, la Société de développement de véhicules automobiles pour la dette de Renault, en 1990. Il a également repris la dette de divers organismes intervenant dans les finances sociales (reprise de la dette de l'UNEDIC en 1985, reprise en janvier 1994 de la dette de l'ACOSS, Agence centrale des organismes de sécurité sociale, vis-à-vis de la Caisse des dépôts et consignations, soit 110 milliards de francs).

La charge de la dette représentait 242,9 milliards dans le projet de loi de finances pour 2001. Depuis 1996, il n'y a plus que deux ministères qui coûtent plus cher que la dette : l'Éducation nationale (388,9 milliards de francs en 2001) et la Défense (244,7 milliards en 2001).

LA COMPTABILISATION DE LA DETTE PUBLIQUE

Le ***compte de la dette publique*** a pour origine l'article 158 du décret du 31 mai 1862 sur la comptabilité publique. D'abord intégré au CGAF, il en fut dissocié à partir de la gestion 1955. Ce document ne comporte pas que des informations strictement comptables : il rappelle aussi les principales dispositions législatives ou réglementaires relatives aux emprunts et engagements de l'État. Une notice individuelle pour chaque emprunt fournit de nombreuses informations (textes d'émission, procédure d'émission, montant en nominal, nature des titres, quotité, montant des intérêts, conditions d'amortissement).

À titre indicatif, le compte de la dette publique pour 1998 se présente sous la forme de deux documents, respectivement de 292 pages (tome 1) et 112 pages (tome 2).

• **Le tome 1** se compose de deux parties :

– La première partie concerne la ***dette de l'État*** proprement dite. Elle décrit l'ensemble de l'endettement de l'État, à l'exception du solde au 31 décembre des dépôts au Trésor des correspondants et du solde au 31 décembre du compte courant du Trésor à la Banque de France.

– La deuxième partie concerne la ***dette garantie et gérée par l'État***. En effet, les services compétents pour les emprunts d'État peuvent être chargés des opérations concernant les emprunts émis par des collectivités ou organismes du secteur public ou semi-public. C'est le cas de la dette de l'ancien budget annexe des Postes et Télécommunications. Le régime juridique applicable est fixé par le texte réglementaire autorisant l'émission de chacun des emprunts considérés.

• **Le tome 2** est ***exclusivement consacré à la dette garantie par l'État***. Cette dette englobe les engagements de sociétés françaises, entreprises nationales, collectivités, établissements publics, organismes bancaires qui bénéficient de la garantie de l'État. Les conditions d'octroi de la garantie de l'État sont fixées par l'article 73 de la loi n° 46-2914 du 23 décembre 1946. Cette garantie ne peut être attribuée qu'en application d'une disposition législative.

Le compte de la dette publique 1998 s'établit comme suit (en milliards de francs, chiffres arrondis à la première décimale) :

1. Dette de l'État au 31-12-1998 (encours) = 4 027,7

A - Dette à moyen et long terme = 2 418,0
dont : Emprunts d'État = 2 388,8
Engagements de l'État = 28,0
Dette échue = 1,1

B - Dette à court terme = 1 356,6
dont : Bons du Trésor sur formules = 15,1
Bons en comptes courants = 1 291,6
(BTAN = 982,1 + BTF = 309,5)
Bons souscrits par des organismes étrangers ou internationaux = 49,8

C - Dépôts des correspondants et opérations avec divers tiers = 451,2

D - Endettement vis-à-vis de la Banque de France = – 75,1
(compte courant du Trésor à la Banque de France = – 87,1
concours non rémunérés de la Banque de France = 12)

E - Encours résultant des pensions sur titres d'État = – 137,6

F - Divers (monnaies divisionnaires) = 14,6

2. Dette garantie et gérée par l'État (balance de sortie au 31-12-1998) = 2,15

Emprunts PTT émis dans le public = 1,95
Bons d'épargne PTT = 0,16
Dettes échues = 0,04

3. Dette garantie par l'État (situation au 31-12-1998) = 311,5

A - Emprunts intérieurs = 263,2
B - Emprunts extérieurs = 48

B. Les modes de financement par le Trésor

Financer les déficits publics et réduire la dette font partie des fonctions du Trésor. Ce dernier finance essentiellement les déficits par l'emprunt. Par ailleurs, il faut noter que l'État essaie parfois de gérer plus activement la dette.

LES FONCTIONS DU TRÉSOR

Le Trésor a trois fonctions essentielles : il est à la fois le caissier, le comptable et le financier de l'activité publique.

- La première fonction est d'**assurer le principe d'unité de caisse**, non seulement pour l'État mais aussi pour l'ensemble des personnes morales publiques. À ce sujet, l'article 14 de l'ordonnance de 1959 dispose :

  « *Sauf dérogation admise par le ministre des Finances, les collectivités territoriales de la République et les établissements publics sont tenus de déposer au Trésor toutes leurs disponibilités.* »

  Ce même article prend soin d'ajouter qu'« *aucun découvert ne peut être consenti à un correspondant du Trésor* ». Par ailleurs, l'article 44 du décret de 1962 va plus loin puisqu'il prévoit que :

  « *Les fonds des organismes publics autres que l'État sont déposés au Trésor, sauf dérogations autorisées par le ministre des Finances.* »

  Autrement dit, l'ensemble des organismes publics assurent d'une certaine manière la trésorerie de l'État.

- La seconde fonction du Trésor est de **tenir la comptabilité des personnes morales de droit public**.

- La troisième fonction est une **fonction financière : financer les activités publiques et assurer la trésorerie de l'État**. C'est la fonction traditionnelle du Trésor. Le Trésor est également devenu un banquier de l'économie depuis la fin de la Seconde Guerre mondiale. Ainsi, le Fonds de Modernisation et d'Équipement créé en 1948, devenu le Fonds de Développement économique et social en 1955, est un compte spécial du Trésor qui a joué un rôle important dans le financement de l'économie et la reconstruction.

LE FINANCEMENT DE L'ÉTAT PAR LE CIRCUIT DU TRÉSOR

Le financement de l'activité de l'État par le circuit du Trésor consiste à mobiliser l'ensemble des ressources dont le Trésor dispose pour faire face aux besoins de financement de l'État. Pour ce faire, le Trésor peut puiser sur les excédents des déposants.

Ce réseau du Trésor est directement alimenté par les organismes publics qui ont l'obligation d'y déposer leurs fonds. Ces dépôts sont obligatoirement approvisionnés puisque le Trésor n'a pas le droit de consentir de découvert à ses correspondants. Cette notion de correspondant du Trésor est assez floue. On en a une énumération en classe 4 de la nomenclature du Plan comptable de l'État. On y trouve, outre les personnes publiques classiques (collectivités et établissements publics administratifs), divers organismes et entreprises publics ou semi-publics (Caisse nationale de Crédit agricole, Caisse des dépôts et consignations, Crédit National, Crédit Foncier, etc.).

L'EMPRUNT, PRINCIPAL MOYEN DE FINANCEMENT DES DÉFICITS PUBLICS

Pour financer les déficits publics, le Trésor dispose de différents moyens. S'agissant du financement de l'exécution des lois de finances, les principaux moyens sont, outre les dépôts des correspondants du Trésor, les emprunts d'État et les bons du Trésor. L'État peut aussi avoir recours à la création monétaire.

■ Les emprunts d'État à long terme

Le Trésor a la faculté d'émettre des emprunts sur le marché financier. Juridiquement, ceux-ci ne peuvent être effectués que « *conformément aux autorisations données par les lois de finances* », même si les « *conditions de ces opérations sont fixées par décret pris sur le rapport du ministre des Finances* » (art. 124 du décret de 1962). Ces emprunts d'État ont souvent des caractéristiques exorbitantes du droit commun. Ainsi, leurs conditions de souscription font qu'ils s'apparentent parfois à de véritables emprunts forcés, plus proches en réalité de prélèvements obligatoires (cf. l'emprunt exceptionnel de 1948 de lutte contre l'inflation). Les emprunts d'État, afin d'être plus attractifs, peuvent également bénéficier de clauses d'exonération fiscale (cf. l'exonération des droits de mutation des deux emprunts Pinay de 1952 et 1958 qui favorisaient l'évasion légale des droits de succession). Dans le même but, ils contiennent souvent des clauses d'indexation (par exemple, indexation sur l'or de l'emprunt Giscard 7 % de 1973, ou indexation sur l'inflation des ORTi 3,4 % août 2029), voire des clauses accordant des avantages monétaires tels que des primes. Par exemple, avec l'emprunt Balladur 6 % juillet 1993-1997 (décret n° 93-862 du 23 juin 1993, *JO* du 24 juin), les personnes physiques de nationalité française (et de la CEE) avaient la possibilité de régler les actions cédées par l'État lors des privatisations au moyen de titres de cet emprunt, en application de la loi de finances rectificative pour 1993.

Juridiquement, les emprunts doivent contenir certaines informations, relatives notamment à la date de leur remboursement. À cet égard, on distingue les emprunts ***amortissables*** et les emprunts ***perpétuels***. Ces derniers laissent au gouvernement un choix discrétionnaire de la date de remboursement. Par ailleurs, l'État doit afficher le taux d'intérêt servi au souscripteur. De ce point de vue, il existe diverses techniques où le taux réel peut être supérieur au taux affiché lorsque le titre est émis au-dessous du pair (exemple : un titre affiché 100 F pour un taux de 10 %, qui rapporte donc 10 F, peut être effectivement souscrit au-dessous du pair, par exemple à 80 F). Enfin, le gouvernement a la possibilité de pratiquer la conversion des titres en proposant soit le remboursement de l'emprunt aux souscripteurs, soit la réduction du taux. Dans ce cas, il est nécessaire que le titre ait effectivement progressé sur le marché financier pour ne pas aboutir à une spoliation des souscripteurs.

Les techniques d'emprunt se sont diversifiées (voir Olivier Salvador, « La gestion de la dette publique à travers le Journal officiel », *La Revue du Trésor*, juin 1995, pp. 346-356; voir aussi pour l'émission des valeurs du Trésor en 2000 : le décret n° 99-1227 du 31 décembre 1999, *JO* du 1er janvier 2000, p. 42). L'État peut procéder, par exemple, à des émissions d'***obligations assimilables du Trésor*** (OAT) pour des durées de 7 à 25 ans à taux fixes ou révisables. Il pouvait émettre des ***obligations renouvelables du Trésor*** (ORT) à 6 ans, renouvelables au bout de 3 ans avec des intérêts fixes, capitalisés et versés au remboursement. Ces émissions, trop coûteuses pour l'État, ont été abandonnées depuis le 16 août 1984. Les OAT, qui étaient réservées aux banques et aux professionnels, peuvent depuis octobre 1994 être placées auprès des personnes physiques. Au 31 août 2000, le montant de la dette sous forme d'OAT et d'OAT indexées s'élevait à 2 728 milliards de francs (SROT au 31 août 2000, *JO* du 19 octobre 2000, p. 16724).

Les bons du Trésor

Créés par une ordonnance du 4 août 1824 sous l'appellation de bons royaux, les bons du Trésor ont pour la première fois été émis dans le public grâce à un décret du 13 septembre 1914 sous forme de bons de la Défense nationale afin de faire face aux dépenses en période de guerre. Ces bons, à échéance de trois, six ou douze mois, pouvaient être souscrits auprès des bureaux de poste. Aujourd'hui, on trouve deux grandes catégories de bons du Trésor : les ***bons sur formules*** et les ***bons en comptes courants*** (voir : Jean-Paul Métois, « Histoire des bons du Trésor », *Les Notes Bleues de Bercy*, nos 12 et 13 d'avril 1993, et *Revue du Trésor* d'octobre 1992).

- **Les bons sur formules** ne sont pas négociables en Bourse. Matérialisés sous forme papier, ces bons sur formules sont émis pour des échéances de un, deux, trois ou cinq ans. Ils sont destinés à collecter l'épargne des particuliers et des entreprises, et sont même essentiellement réservés aux particuliers (décret du 11 juillet 1986). La part des bons sur formules est faible dans le financement de la dette (12,1 milliards de francs d'encours au 31 août 2000). Font également partie de la dette non négociable les bons du Trésor souscrits par des organismes internationaux (82 milliards de francs au 31 août 2000, dont 70 par le FMI).

- **Les bons en comptes courants sont négocia**bles. L'ordonnance n° 45-679 du 13 avril 1945 obligea les banques et établissements financiers à déposer en comptes courants à la Banque de France les bons d'un nominal supérieur à 5 000 F leur appartenant. Cette obligation fut étendue aux sociétés d'assurances et divers organismes par le décret n° 45-769 du 20 avril 1945. En 1948, les banques furent obligés de souscrire des bons en comptes courants en fonction d'un plancher égal à 20 % de l'accroissement de leurs dépôts. Ce système de plancher fut progressivement assoupli dans les années 1960. Depuis le 25 avril 1963, le placement des bons en comptes courants par voie d'adjudication a été généralisé. Les titres ne sont pas matérialisés. Ils sont souscrits surtout par des professionnels. Depuis 1987, l'émission des bons en comptes courants a été considérablement simplifiée. Le Trésor n'émet plus que : **1°)** des ***bons à taux annuel*** (BTAN), dont les intérêts sont payés tous les ans sur des durées de deux ou cinq ans ; **2°)** des ***bons à taux fixe*** (BTF), dont les intérêts sont payés à l'émission par imputation sur le prix et dont les durées sont de treize, vingt-six ou cinquante-deux semaines.

  À titre indicatif, au 31 août 2000, la dette en BTAN s'élevait à un encours de 975,1 milliards de francs, et celle en BTF à 294,8 milliards de francs (les chiffres donnés ici proviennent de la SROT au 31 août 2000 ; le Compte de la dette publique est également une source irremplaçable d'informations à caractère juridique et financier sur chaque emprunt).

Le financement du déficit budgétaire par la création monétaire

Le Trésor pouvait financer le déficit budgétaire de façon monétaire, soit par la création de monnaies métalliques, soit par les avances de la Banque de France. Toutefois, afin de favoriser l'introduction de la monnaie unique, le mode de financement par avances directes de la Banque de France au Trésor, d'abord permis par la loi n° 59-1485 du 28 décembre 1959 puis par la loi n° 73-1121 du 21 décembre 1973, n'est plus possible depuis le 1er janvier 1994 (voir les lois n° 93-944 du 23 juillet 1993 approuvant la convention entre le ministre de l'Économie et le gouverneur de la Banque de France et, surtout, n° 93-980 du 4 août 1993 sur le statut de la Banque de France). L'article 3 de la loi n° 93-980 interdit à la Banque de France d'autoriser des découverts ou d'accorder des crédits au Trésor. L'article 2 de la convention annexée à la loi n° 93-944 précise les conditions de remboursement des avances consenties avant le 1er janvier 1994 par la Banque de France. Le remboursement s'échelonnera en principe jusqu'au 31 décembre 2003.

LA GESTION ACTIVE DE LA DETTE : DU FONDS DE SOUTIEN DES RENTES À LA CAISSE D'AMORTISSEMENT DE LA DETTE PUBLIQUE

Enfin, on ajoutera que pour gérer activement la dette dont on a souligné l'accroissement dans le PIB, l'État cherche à trouver des moyens d'intervenir plus directement. C'est à cet objectif qu'ont répondu, dans le passé, le Fonds de soutien des rentes, et, plus récemment, la Caisse d'amortissement de la dette publique.

Le Fonds de soutien des rentes (FSR)

Ce Fonds a été créé par un décret-loi du 22 juillet 1937, qui accordait « *au gouvernement des pouvoirs en vue d'assurer le redressement financier* ». Le Fonds de soutien des rentes, géré par la Caisse des dépôts et consignations, intervenait par « *l'achat et la vente en Bourse des titres de rentes perpétuelles ou amortissables et des valeurs du Trésor à long et moyen terme* ». Compte de l'État tenu dans les écritures de la Caisse des dépôts et consignations, le FSR n'est pas juridiquement personnalisé. Il est dirigé par un comité de direction qui comprend le directeur du Trésor, le gouverneur de la Banque de France et le directeur général de la Caisse des dépôts et consignations. Il peut intervenir sur le marché grâce aux fonds mobilisés auprès de la Caisse des dépôts et consignations. Pour chaque émission d'emprunts au profit du FSR, l'État livre les titres. En contrepartie, une créance sur le FSR du montant de la contrevaleur du nominal des titres est inscrite dans la comptabilité générale de l'État, de telle sorte qu'il n'y a pas de mouvements d'espèces. Depuis 1992, les émissions au profit du FSR se multiplient. À titre indicatif, entre le 1er janvier et le 31 août 2000, France Trésor a émis 5,6 milliards de francs au profit du FSR (OAT : 4,6 milliards ; BTAN : 0,9 milliard ; source SROT au 31 août 2000, *JO* du 19 octobre 2000, p. 16726).

Le FSR a été modernisé par le décret du 27 janvier 1986. Il peut intervenir sur tous les titres émis par l'État.

La Caisse d'amortissement de la dette publique (CADEP)

Cette Caisse est un établissement public créé par la loi du 2 juillet 1986 dont l'objet exclusif était de « *concourir au remboursement des emprunts d'État venant à échéance ou de racheter ceux-ci en Bourse, en vue de leur annulation* ». Elle a joué un rôle important lors des privatisations.

En effet, les opérations de privatisation avaient trois objectifs : doter en capital les entreprises publiques, prendre en charge la dette résultant des nationalisations de 1982, désendetter l'État.

Ces privatisations ont procuré, sur les exercices 1987 et 1988, 20,9 milliards de dotation en capital des entreprises publiques, 5,3 milliards de prise en charge de la dette consécutive aux nationalisations. Le solde, soit 44,6 milliards, a été affecté à la CADEP pour intervenir afin de désendetter l'État.

Bien qu'elle existe toujours, la CADEP semblait jouer un rôle plus limité depuis que la loi de finances pour 1989 avait supprimé le compte d'affectation spéciale sur lequel était versé le produit des privatisations qui lui permettait d'intervenir pour le rachat de titres sur le marché. Toutefois, depuis 1996, la CADEP dispose, grâce aux privatisations, de nouveaux moyens d'intervention pour désendetter l'État. Le compte n° 902-24 d'***affectation des produits de cession de titres du secteur public aux dotations en capital*** enregistre certes, en recettes, la majeure partie du produit des privatisations, qui échappe donc à la CADEP, et, en dépenses, les dotations en capital au profit des entreprises publiques (16,5 milliards en 1996, *JO* du 31 décembre). Cependant, on doit observer que le compte n° 902-27 d'***affectation des produits de cession de titres du secteur public au désendettement de l'État*** (voir décret de répartition n° 95-1394 du 30 décembre 1995, *JO* du 31 décembre) permet bien d'utiliser une autre partie des recettes de privatisations pour des versements à la CADEP, à hauteur de 5,5 milliards de francs.

Ainsi, les recettes de la vente par l'État des licences UMTS pour les téléphones de « troisième génération » (32,5 milliards de francs en 2001) ont été affectées non seulement pour 18,5 milliards au fonds de réserve pour les retraites (FOREC) mais aussi à la CADEP pour 14 milliards de francs.

■ La technique des opérations de pension sur titres

Dans leur article d'équilibre respectif, les lois de finances pour 1995 et 1996 ont permis à l'État de gérer plus directement sa dette en lui autorisant l'utilisation de la technique des opérations de pension sur titres d'État. Par ce moyen, et sans recourir ni à un de ses démembrements comme la CADEP ni à la Caisse des dépôts par le truchement du FSR, l'État peut directement prêter aux établissements financiers ses excédents temporaires de trésorerie en échange de titres d'État détenus par ces mêmes banques (voir Olivier Salvador, *La Revue du Trésor*, juin 1995, pp. 346-356; Direction du Trésor, bureau A1, « Gestion de la dette publique, les valeurs du Trésor », *Les Notes Bleues de Bercy*, n° 63, mai 1995).

L'année 1999 a enregistré des prises en pension de titres à hauteur de 14,7 milliards de francs, et des opérations de refinancement à court terme de l'État à hauteur de 4,9 milliards de francs (source *CGAF 1999, Rapport de présentation*, p. 51).

En conclusion, on doit remarquer que la dette de l'État est de plus en plus formée de titres négociables sur le marché (OATi, BTAN, BTF).

Au 31 décembre 1999, la dette de l'État, de 4 698,3 milliards de francs (716,25 milliards d'euros) présentait la structure suivante :

Dette financière négociable :

OAT = 2 674,9 milliards de francs (407,79 milliards d'euros)
BTAN = 1 039 milliards de francs (158,39 milliards d'euros)
BTF = 218,9 milliards de francs (33,37 milliards d'euros)

Dette financière non négociable = 119,3 milliards de francs (18,16 milliards d'euros)

dont : Engagements de l'État = 22 milliards de francs (3,35 milliards d'euros)
Bons souscrits par les organismes internationaux = 67,4 milliards de francs (10,28 milliards d'euros)

Autres dettes = 517,2 milliards de francs (78,85 milliards d'euros)
dont : Correspondants : 434,5 milliards de francs (66,45 milliards d'euros)
Concours Banque de France : 9,6 milliards de francs (1,46 milliard d'euros)
Déposants : 23,1 milliards de francs (3,52 milliards d'euros)

(Source : *CGAF 1999, Rapport de présentation*, p. 62.)

Sur le plan technique, en passant de 62 % à 85 % entre 1982 et 1994, l'accroissement de la dette négociable présente l'intérêt de favoriser sa gestion active évoquée ci-dessus. Toutefois, d'un point de vue plus politique, force est de reconnaître que la politique de la France, contrairement à ce que souhaitait le général De Gaulle, se joue désormais en grande partie à la corbeille pour ce qui concerne non seulement la dette publique mais aussi la dette sociale. Or les règles du marché obéissent à d'autres logiques que celles de l'intérêt général, et cette évolution d'ensemble tend à changer la nature même des finances publiques. Ainsi, ces dernières, de plus en plus perméables aux règles juridiques et économiques du marché financier, ne sont déjà plus qu'une composante des finances en général.

7

Les contrôles des finances de l'État

Les finances de l'État font l'objet d'un contrôle étroit qui est susceptible d'être exercé tant par les administrations (section 1) que par les juridictions (section 2) et, enfin, par le Parlement (section 3).

1. Le contrôle exercé par les administrations

Le contrôle exercé sur les finances de l'État par les administrations comprend, d'une part, les contrôles administratifs internes aux procédures budgétaires et financières (A) et, d'autre part, les contrôles confiés à divers corps d'inspection (B).

A. Les contrôles administratifs internes

Les contrôles administratifs internes aux procédures budgétaires et financières se composent essentiellement du ***contrôle financier sur les ordonnateurs*** et du ***contrôle exercé par les comptables publics***.

LE CONTRÔLE FINANCIER SUR LES ORDONNATEURS

Le contrôle financier sur les ordonnateurs du budget de l'État s'exerce à deux niveaux : central et local.

Le contrôle financier central

Le contrôle financier central est organisé par la loi du 10 août 1922, qui institue dans chaque ministère un service de comptabilité et de contrôle des dépenses engagées. Les contrôleurs des dépenses engagées, « contrôleurs financiers » depuis le décret du 23 janvier 1956, « *sont nommés par décrets contresignés par le ministre des Finances et placés sous la seule autorité de ce ministre* » (art. 2 de la loi du 10 août 1922). De plus, ils sont choisis « *exclusivement parmi les fonctionnaires appartenant aux cadres des administrations dépendant de ce ministre* ». Les contrôleurs financiers sont à la fois des conseillers financiers des ministres et les agents d'information du ministre des Finances. Ils « *donnent, au point de vue financier, leur avis motivé sur les projets de lois, de décrets, d'arrêtés, contrats, mesures ou décisions soumis au contreseing ou à l'avis du ministre des Finances, ainsi que sur les propositions budgétaires et les demandes de crédits additionnels de toute nature des départements ministériels auxquels ils sont attachés. Ils reçoivent, à cet effet, communication de tous documents ou renseignements utiles* » (art. 4 de la loi de 1922).

Le contrôleur financier exerce son contrôle à deux moments.

- En premier lieu, il intervient **dans la phase de l'engagement de la dépense**. Il doit, en effet, donner son visa préalable pour toute dépense engagée par l'administration centrale. L'article 5 de la loi du 10 août 1922 dispose :

  « *Tous autres décrets, arrêtés, contrats, mesures ou décisions émanant d'un ministre ou d'un fonctionnaire de l'administration centrale et ayant pour effet d'engager une dépense sont soumis au visa préalable du contrôleur des dépenses engagées.* »

  Le même article détermine en quoi consiste le contrôle sur ces propositions d'engagement :

  « *Le contrôleur financier les examine au point de vue de l'imputation de la dépense, de la disponibilité des crédits, de l'exactitude de l'évaluation, de l'application des dispositions d'ordre financier des lois et règlements, de l'exécution du budget en conformité du vote des Chambres et des conséquences que les mesures proposées peuvent entraîner pour les finances publiques. À cet effet, il reçoit communication de toutes les pièces justificatives des engagements de dépenses.* »

  Ce contrôle est donc exclusivement un contrôle de ***régularité*** et non d'opportunité : « *si les mesures proposées lui paraissent entachées d'irrégularité, le contrôleur refuse son visa* ». Si, malgré ce refus, le ministre veut effectuer la dépense, le contrôleur financier « *en réfère au ministre des Finances* », car il ne peut être passé outre au refus de visa du contrôleur financier « *que sur avis conforme du ministre des Finances* ».

- En second lieu, le contrôleur financier intervient **dans la phase d'ordonnancement**. En effet, « *aucune ordonnance de paiement ou de délégation ne peut être présentée à la signature du ministre ordonnateur qu'après avoir été* *soumise au visa du contrôleur financier* ». L'article 6 de la loi du 10 août 1922 précise que « *les ordonnances non revêtues du visa du contrôleur financier sont nulles et sans valeur pour les comptables du Trésor* ». Cet article prévoit :

> « *Le contrôleur s'assure notamment que les ordonnances soumises à son visa se rapportent soit à des engagements de dépenses déjà visés par lui, soit à des états de prévisions de dépenses dont il a préalablement pris charge dans ses écritures, et se maintiennent à la fois dans la limite de ces engagements ou états de prévisions et dans celle de ces crédits.* »

À cette phase, le contrôleur ne peut plus refuser de viser les ordonnances, mais « *si les ordonnances lui paraissent entachées d'irrégularités, le contrôleur les vise avec observations* ». Or la loi de 1922 interdit le paiement des ordonnances visées avec observations sauf si le ministre des Finances en donne l'autorisation.

■ Le contrôle financier local

Les dépenses de l'État effectuées au plan local par les ordonnateurs secondaires font l'objet d'un contrôle financier déconcentré, organisé précédemment par le décret n° 70-1049 du 13 novembre 1970. Il est effectué par les trésoriers-payeurs généraux, qui interviennent à deux niveaux. D'une part, ils visent les propositions d'engagements et les pièces justificatives transmises par les ordonnateurs secondaires. D'autre part, ils contrôlent également l'ensemble des mandatements qui leur sont adressés et peuvent donc rejeter un mandatement irrégulier.

> La déconcentration financière annoncée par le décret n° 92-604 du 1er juillet 1992 ne semble pouvoir être effective que dans la mesure où le contrôle financier local aura fait la preuve de son efficacité. À cette fin, un décret n° 95-93 du 30 janvier 1995 a complété le décret n° 70-1049 et a permis une réforme à titre expérimental du contrôle financier des dépenses déconcentrées dans les régions Aquitaine et Champagne-Ardenne, et pour l'ensemble du territoire métropolitain pour les constructions de l'enseignement supérieur. Un arrêté du 6 mars 1995 précise les modalités de l'expérience (*JO* du 28 mars 1995, pp. 4929-4932), progressivement généralisée à partir de 1996 (nouvelles régions concernées depuis 1996 : Basse-Normandie, Bourgogne, Franche-Comté, Languedoc-Roussillon, Pays-de-la-Loire, Picardie, Poitou-Charentes, Rhône-Alpes). Depuis le décret n° 96-629 du 16 juillet 1996 qui abroge le décret de 1970 au 31 décembre 1997, les actes de nature à engager financièrement l'État, y compris les actes de recrutement et de gestion de personnel et notamment des personnels des établissements publics d'enseignement supérieur, font l'objet, selon leur nature et leur montant, soit d'un visa préalable, soit d'un examen global de la part du trésorier-payeur de région assisté d'un contrôleur financier des dépenses déconcentrées (CF3D). En cas de refus de visa dans les quinze jours, l'autorité administrative peut, sauf si ce refus de visa est motivé par la non-disponibilité des crédits ou emplois, passer outre par décision motivée prise sur autorisation du ministre chargé du Budget saisi par le ministre concerné.

LE CONTRÔLE DES COMPTABLES PUBLICS

Les contrôles que les comptables publics sont tenus d'exercer sont définis aux articles 12 et suivants du décret du 29 décembre 1962.

■ Le contrôle des comptables en matière de recettes

Ils sont tenus d'exercer leur contrôle de l'autorisation de percevoir des recettes, de la mise en recouvrement des créances et de la régularité des réductions et des annulations des ordres de recettes. On notera que pour certaines créances de l'État ne concernant ni les impôts, ni le domaine, ni encore les amendes et condamnations pécuniaires, le comptable a trois moyens de ne pas recouvrer ce qui avait été prévu :

– En premier lieu, depuis le décret n° 92-1369 du 29 décembre 1992, le comptable a désormais une **faculté de transaction** lorsque le montant ne dépasse pas 500 000 F. La même faculté est ouverte à l'agent judiciaire du Trésor pour les sommes supérieures à 500 000 F jusqu'à 1 000 000 F.

Au-delà de ce plafond, la transaction n'est possible qu'après avis du comité du contentieux. Ce comité du contentieux placé auprès du ministre du Budget est composé : d'un conseiller maître à la Cour des comptes, président, d'un maître des requêtes ou d'un auditeur au Conseil d'État, d'un inspecteur des Finances, de l'agent judiciaire du Trésor ou de son représentant, d'un trésorier-payeur général, d'un avocat du Trésor.

– En second lieu, le comptable a la possibilité d'**accorder des remises gracieuses** dont le montant pour une même dette n'excède pas 50 000 F. Pour des sommes supérieures, sans dépasser 100 000 F, la compétence relève du ministre chargé du Budget.

Après avis du comité du contentieux, le ministre chargé du Budget peut consentir : 1°) des remises en principal dont le montant pour une même dette n'excède pas 200 000 F; 2°) des remises d'intérêts d'un montant supérieur à 100 000 F (décret n° 92-1369 du 29 décembre 1992, art. 10 à 13).

– En troisième lieu, le comptable a toujours la possibilité de **demander à l'ordonnateur l'admission en non-valeur des créances irrécouvrables.**

Cette faculté est désormais régie par le décret n° 92-1370 du 29 décembre 1992. L'absence de réponse dans un délai de six mois vaut décision d'acceptation. Les décisions de refus d'admission en non-valeur sont motivées. En cas de refus, le ministre du Budget peut demander un nouvel examen au ministre concerné ou mettre en jeu la responsabilité pécuniaire du comptable. L'absence de réponse du ministre ordonnateur concerné dans un délai de six mois vaut acceptation de l'admission en non-valeur.

■ Le contrôle des comptables en matière de dépenses

Les comptables doivent s'assurer de la qualité de l'ordonnateur ou de son délégué, de la disponibilité des crédits, de l'exacte imputation des dépenses aux chapitres qu'elles concernent selon leur nature ou leur objet, de la validité de la créance, et du caractère libératoire du règlement. Pour ce qui est du contrôle de la validité de la créance, l'article 13 du décret de 1962 précise :

« *Le contrôle porte sur :*
– *la justification du service fait et l'exactitude des calculs de liquidation ;*
– *l'intervention préalable des contrôles réglementaires et la production des justifications ;*
– *(...) l'existence du visa des contrôleurs financiers sur les engagements et les ordonnancements émis par les ordonnateurs principaux.* »

De même, les comptables vérifient l'application des règles de ***prescription*** (notamment la prescription quadriennale). Par ailleurs, en matière de patrimoine, leur contrôle porte sur la ***conservation des droits, privilèges et hypothèques*** ainsi que sur la ***conservation des biens*** dont ils tiennent la comptabilité matière. (Sur l'étendue du contrôle des comptables, on se reportera au chapitre 1, *supra*, p. 22.)

B. Les corps d'inspection

Au niveau des ministères, les corps d'inspection rattachés directement au ministre ont compétence sur des problèmes généraux d'administration et, le cas échéant, sur des questions d'ordre budgétaire et financier.

Il existe une vingtaine de corps et services d'inspection chargés d'exercer un contrôle interne de l'administration. Parmi les plus connus, on peut citer l'Inspection générale des Finances, l'Inspection générale des Affaires sociales, l'Inspection générale de l'administration de l'Éducation nationale.

L'Inspection générale des Finances a été créée par un arrêté du 25 mars 1816 à partir de l'Inspection du Trésor. Elle est d'abord compétente à l'égard de tous les comptables publics. Elle est ensuite le corps de contrôle et de surveillance des services du ministère des Finances. De plus, l'article 4 alinéa 2 de la loi de finances n° 47-579 du 30 mars 1947 ainsi que le décret du 8 avril 1947 lui permettent de contrôler a posteriori les comptabilités administratives des ordonnateurs secondaires. Il y a là concurrence avec le contrôle financier local a priori organisé au profit des trésoriers-payeurs généraux. En fait, les vérifications de l'Inspection générale des Finances portent sur la gestion financière des ordonnateurs secondaires pour tous les départements ministériels. En outre, un décret du 30 octobre 1935 lui permet de contrôler tous les organismes qui bénéficient d'apports en capital, de subventions, d'aides diverses de l'État. Ce contrôle englobe les divers organismes de Sécurité sociale. Enfin, l'Inspection générale des Finances peut, à la demande d'un ministre, effectuer des enquêtes financières sur des questions précises.

2. Le contrôle exercé par les juridictions

Le contrôle sur les finances publiques de l'État est exercé par deux juridictions : la ***Cour des comptes*** (A) et la ***Cour de discipline budgétaire et financière*** (B), dont les arrêts relèvent par voie de cassation du Conseil d'État.

A. La Cour des comptes

Il y avait en France une Chambre des comptes dès le XIVe siècle. Par ailleurs, des chambres des comptes régionales existaient dans diverses provinces. Tout cela fut supprimé en 1790. Une Cour des comptes fut de nouveau instituée par la loi du 16 septembre 1807. (Voir Christian Descheemaeker, *La Cour des comptes*, La Documentation française, 1992.)

LE STATUT DE LA COUR DES COMPTES

Le statut et la compétence de la Cour des comptes, prévus par différentes lois depuis la loi n° 67-483 du 22 juin 1967, font l'objet du Livre 1er du Code des juridictions financières.

La Cour des comptes est une véritable juridiction dont la mission principale est de contrôler et d'apurer les comptes des comptables publics de l'État ou d'autres personnes morales publiques. Elle est juge d'appel des jugements à titre définitif des chambres régionales des comptes. Elle comprend un Premier président, 7 présidents de chambres et environ 100 conseillers-maîtres, 80 conseillers référendaires, 25 auditeurs répartis entre une première et une seconde classe.

Un arrêté du Premier président du 12 septembre 1997 a procédé à une ***nouvelle répartition de compétences entre les chambres*** : **1e ch.** : ministère des Finances et du Budget et ensemble des circuits financiers publics; **2e ch.** : ministères chargés de la défense, de l'industrie, de l'énergie, du commerce extérieur, du commerce et de l'artisanat; entreprises et organismes publics industriels ; **3e ch.** : ministères chargés de l'éducation, de la culture et de la recherche, de la jeunesse et des sports; secteur public de l'audiovisuel; **4e ch.** : ministères chargés des activités régaliennes de l'État (justice, intérieur, affaires étrangères); **5e ch.** : ministères chargés de l'emploi, du travail, de la formation professionnelle, du logement et des affaires sociales; organismes faisant appel à la générosité publique; **6e ch.** : ministères chargés de la santé et de la sécurité sociale; organismes de sécurité sociale; **7e ch.** : ministères chargés de l'équipement, des transports et de l'aménagement du territoire, de l'agriculture et de la pêche, de l'environnement, du tourisme.

Les magistrats de la Cour sont nommés par décret du président de la

République. Ils sont inamovibles. Le Premier président, le procureur général, les présidents de chambres et les conseillers-maîtres sont nommés par décret en Conseil des ministres, alors que les autres magistrats sont nommés par décret simple du président de la République. Le Premier président est assisté d'un secrétaire général et d'un secrétaire général adjoint. Aux magistrats s'ajoutent une dizaine de conseillers-maîtres en service extraordinaire qui n'ont, eux, aucune fonction juridictionnelle. Il en va de même des membres des services et corps de l'État mis à disposition de la Cour pour exercer les fonctions de rapporteur. La Cour des comptes comprend un Parquet composé d'un procureur général et de trois avocats généraux. Le procureur général exerce le ministère public près la Cour des comptes ; il veille au bon exercice du ministère public près les chambres régionales des comptes.

LE CONTRÔLE JURIDICTIONNEL DE LA COUR DES COMPTES

La Cour des comptes exerce son contrôle juridictionnel sur les comptes des comptables publics et éventuellement des comptables de fait.

■ L'apurement des comptes publics

- **Les caractéristiques générales de la procédure.** Pour le jugement des comptes publics, la procédure est ***écrite et contradictoire***. Pour vérifier la comptabilité, la Cour des comptes bénéficie d'importants pouvoirs d'instruction. Les rapporteurs peuvent procéder à toutes les investigations qu'ils jugent utiles sur pièces et sur place. Ils peuvent adresser des demandes de renseignements, faire procéder à des enquêtes et expertises.
- **Le principe du double examen des comptes.** Devant la Cour, les comptes et les pièces justificatives sont d'abord examinés par un rapporteur, puis par un contre-rapporteur.
- **Le principe du jugement par double arrêt.** La Cour des comptes statue à titre provisoire ou à titre définitif. Elle rend un arrêt définitif si aucune charge n'est retenue contre le comptable. Dans le cas contraire, la Cour procède en deux temps. Par un arrêt à titre provisoire, elle enjoint au comptable public, dans un délai qu'elle fixe et qui ne peut être inférieur à un mois, de fournir toutes explications et justifications à sa décharge. À l'expiration du délai, la Cour rend un arrêt définitif. Pour cet arrêt définitif, plusieurs hypothèses sont à distinguer :

  – Si le comptable a satisfait à l'ensemble de ses obligations, la Cour lui donne décharge de sa gestion. On parle alors d'***arrêt de décharge***. Dans le même cas, et si le comptable sort de ses fonctions, il est déclaré quitte. Les comptables parlent d'***arrêt de quitus***.

  – Si, en revanche, le comptable n'a pas satisfait aux dispositions d'un arrêt provisoire ou s'il ne justifie pas d'une décharge de responsabilité, la Cour le constitue en débet par arrêt définitif. On parle d'***arrêt de débet***.

- **Les possibilités pour le comptable d'être déchargé de sa responsabilité.** Le comptable peut demander au ministre des Finances d'être déchargé de sa responsabilité pour certaines irrégularités. Le ministre est tenu d'accorder cette décharge de responsabilité lorsque l'irrégularité constatée résulte d'un cas de force majeure comme un vol par un tiers, la perte de fonds inévitable, etc. (art. 60-IX de la loi du 23 février 1963, et art. 5 et 6 du décret du 29 septembre 1964). Si le ministre refuse, le comptable peut attaquer ce refus devant le Conseil d'État. Par ailleurs, le comptable peut, dans les autres cas, adresser au ministre des Finances une demande de remise gracieuse que celui-ci est libre de lui accorder pour des motifs d'opportunité.

■ L'évocation des comptes apurés par les comptables supérieurs

L'article 5 *bis* de la loi n° 67-483 du 22 juin 1967 résultant de la loi n° 82-594 du 19 juillet 1982 prévoyait qu'« *un décret organise un apurement administratif, par les trésoriers-payeurs généraux, des comptes de certaines catégories de collectivités, d'établissements publics, de sociétés, groupements et organismes des territoires d'outre-mer* ». Les comptes apurés administrativement par cette procédure pouvaient cependant faire l'objet d'une évocation par un arrêt de la Cour des comptes jusque dans un délai d'un an après la décision définitive du trésorier-payeur général. Des dispositions semblables sont reprises par l'article L. 131-5 du Code des juridictions financières.

Par ailleurs, à titre transitoire, les comptes de certains établissements publics nationaux peuvent être apurés administrativement par les comptables supérieurs sous le contrôle de la Cour des comptes, qui dispose également d'un droit d'évocation (art. L. 314-4 du Code des juridictions financières).

■ L'appel ou l'évocation des jugements des chambres régionales ou territoriales des comptes

La Cour des comptes intervient encore comme juge d'appel des jugements des 23 chambres régionales des comptes (et des 2 chambres territoriales des comptes de Nouvelle-Calédonie et de Polynésie française prévues par le Code des juridictions financières annexé à la loi n° 94-1040 du 2 décembre 1994). L'article 8 de la loi n° 82-594 du 10 juillet 1982 prévoit :

> « *Le comptable, la collectivité locale ou l'établissement public, le commissaire du gouvernement près de la chambre régionale des comptes, le procureur général près de la Cour des comptes peuvent faire appel devant la Cour des comptes de tout jugement prononcé à titre définitif par la chambre régionale des comptes.* »

L'appel a lieu dans les deux mois du jugement définitif de la chambre régionale des comptes.

Bien que cela ne concerne pas les finances de l'État, on peut noter que le décret du 11 février 1985 a donné exceptionnellement compétence aux chambres régionales des comptes pour juger les comptes des établissements publics nationaux dont les recettes ordinaires sont inférieures à un certain seuil déterminé par le premier président de la Cour des comptes. Cependant, la Cour des comptes peut toujours évoquer les comptes de ces établissements tant que la chambre régionale des comptes n'a pas statué définitivement.

LES VOIES DE RECOURS CONTRE LES ARRÊTS DÉFINITIFS DE LA COUR DES COMPTES

Les arrêts rendus à titre définitif par la Cour des comptes sont susceptibles de deux formes de recours : la ***révision*** ou la ***cassation.***

Le recours en révision

Les arrêts définitifs peuvent, tout d'abord, être attaqués devant la Cour des comptes elle-même par un recours en révision.

- **La requête en révision à l'initiative du comptable.** Dans cette hypothèse, prévue par l'article 32 du décret du 11 février 1985, « *le comptable peut demander à la Cour des comptes la révision d'un arrêt définitif rendu sur ses comptes en produisant des justifications recouvrées depuis ledit arrêt* ». La requête, adressée au Premier président par lettre recommandée avec avis de réception, doit comporter l'exposé des faits et moyens invoqués par le requérant, être accompagnée d'une copie de l'arrêt attaqué et des justifications sur lesquelles elle se fonde. Le recours est notifié aux parties intéressées, qui ont quinze jours pour produire un mémoire. La formation qui a rendu l'arrêt statue sur la révision par un arrêt unique sur la recevabilité de la révision et, s'il y a lieu, sur le fond de l'affaire.
- **La révision d'office ou sur réquisition du procureur général.** Dans ces cas, prévus par l'article 33 du décret du 11 février 1985, la Cour peut procéder à la révision en cas d'erreur, omission, faux ou double emploi.

  La révision a lieu d'office ou sur réquisition du procureur général qui agit lui-même soit de sa propre initiative, soit en décidant de donner suite à la demande du ministre des Finances, des ministres intéressés (ou des représentants des collectivités et établissements publics concernés). Dans ces hypothèses, la règle du ***double arrêt*** s'applique. Un premier arrêt de la formation qui a rendu l'arrêt définitif statue sur la recevabilité de la révision et, s'il y a lieu, ordonne la mise en état de révision. Ce premier arrêt fixe un délai aux parties intéressées et au comptable pour présenter leurs justifications. Après examen des réponses produites ou à expiration du délai, la Cour procède, s'il y a lieu, à la révision de l'arrêt.

Le pourvoi en cassation devant le Conseil d'État

Enfin, un arrêt définitif peut également faire l'objet d'un pourvoi en cassation devant le Conseil d'État, dans les conditions fixées par l'article 34 du décret du 11 février 1985. Pour les finances de l'État, les personnes qui sont autorisées à effectuer le pourvoi sont le comptable public, le ministre des Finances et du Budget, les autres ministres pour leur département ministériel. Les moyens de cassation sont uniquement le ***vice de forme***, l'***incompétence*** et la ***violation de la loi***. Le pourvoi en cassation doit être formé dans les deux mois de la notification de l'arrêt définitif attaqué.

Si le Conseil d'État casse l'arrêt, l'affaire est renvoyée devant la Cour des comptes siégeant toutes chambres réunies.

À titre indicatif, l'activité juridictionnelle de la Cour en 1998 a donné lieu à l'examen de 739 rapports dans ses formations délibérantes, au prononcé de 47 arrêts de débet, 50 arrêts en appel des jugements des chambres régionales des comptes, 55 arrêts relatifs à des procédures de gestion de fait, et 19 amendes (Cour des comptes, *Rapport public 1999*).

Le Conseil d'État a cassé un arrêt de la Cour des comptes (n° 18086 du 7 novembre 1997) contraire au principe d'impartialité et aux droit de la défense parce qu'il déclarait les requérants comptables de fait sur des faits relevés dans le *Rapport public annuel 1996* (CE, sect., 23 février 2000, *Société Labor Métal et autres*).

LES MISSIONS NON JURIDICTIONNELLES DE LA COUR DES COMPTES

La Cour des comptes n'est pas seulement chargée d'une fonction juridictionnelle de vérification des comptes des comptables publics et de la régularité de la comptabilité des comptables de fait.

Les missions de contrôle non juridictionnel

La Cour des comptes assiste le Parlement et le gouvernement dans le contrôle de l'exécution des lois de finances et des lois de financement de la Sécurité sociale. Elle peut exercer un véritable contrôle de gestion sur les finances de l'État. Elle s'assure ainsi du bon emploi des crédits, fonds et valeurs gérés. Elle assure aussi la vérification des comptes et de la gestion des entreprises publiques. Elle contrôle les institutions de la Sécurité sociale. Elle peut même contrôler tout organisme, même privé, qui reçoit des concours financiers de l'État ou d'un autre organisme public.

La Cour des comptes intervient également directement auprès des administrations par différents moyens. La forme la plus solennelle et la plus grave est le ***référé***, c'est-à-dire la lettre par laquelle le Premier président de la Cour des comptes s'adresse à un ministre pour lui signaler de graves irrégularités dans la gestion financière de ses services. Le ministre des Finances est dans ce cas informé. Le ministre qui fait l'objet d'un référé doit répondre dans les trois mois. La Cour peut aussi intervenir par la ***note du Parquet***, laquelle permet au procureur général d'obtenir des renseignements de la part d'un chef de service ou de signaler certaines irrégularités. La Cour peut encore agir en direction de l'administration par la ***lettre du président de chambre***, qui permet d'alléger la tâche du Parquet pour les questions mineures de l'instruction d'une affaire. À titre indicatif, en 1998, on dénombrait 54 référés, 174 notes du parquet, 278 lettres des présidents de chambre (Cour des comptes, *Rapport public 1999,* sur le site de la Cour : www.ccomptes.fr).

Enfin, il faut noter qu'en application de l'article 51 du décret du 11 février 1985, lorsque, à l'occasion de ses contrôles, la Cour découvre des faits de nature à motiver l'ouverture d'une action pénale, elle en informe le procureur général près la Cour des comptes qui saisit le garde des Sceaux et avise le ministre intéressé ainsi que le ministre des Finances. De même, elle peut saisir la Cour de discipline budgétaire et financière.

En 1998, le parquet de la Cour des comptes a saisi l'autorité judiciaire dans 12 affaires susceptibles de constituer des infractions pénales (contre 8 en 1996, et 14 en 1997 ; voir Cour des comptes, *Rapport public 1999*).

■ Les missions d'information

Les missions générales d'information prennent souvent la forme de rapports. Parmi ces rapports, trois méritent une attention particulière : le ***Rapport au président de la République*** (rapport public annuel), le ***Rapport sur l'exécution des lois de finances*** (sur chaque projet de loi de règlement, sur ce point, voir : Cour des comptes, « Le rapport sur l'exécution des lois de finances dans les recueils de jurisprudence des juridictions financières », *La Revue du Trésor*, n° 8-9, 1995, pp. 511-513), et le ***Rapport sur les comptes des organismes de sécurité sociale***. (Ces rapports sont accessibles sur internet : www.ccomptes.fr).

- L'article 10 de la loi du 22 juin 1967 prévoit que la Cour des comptes établit un **rapport sur chaque projet de loi de règlement**. Ce rapport est adressé au Parlement, accompagné de la déclaration générale de conformité entre les comptes individuels des comptables et les comptes généraux de l'État. Le Premier président peut donner connaissance aux commissions des Finances du Parlement des constatations et observations de la Cour. Par ailleurs, les commissions des Finances peuvent demander à la Cour d'enquêter sur la gestion des services ou organismes qu'elle contrôle.
- Le rapport le plus connu reste le **rapport que la Cour des comptes adresse chaque année au président de la République** et qu'elle présente également au Parlement. Ce rapport, publié au *Journal officiel*, contient les critiques de la Cour.

  À titre d'exemple, celui de 1990 contenait une première partie relative à l'État et aux établissements publics nationaux, au sein de laquelle la Cour faisait notamment le bilan des trente années d'application de l'ordonnance du 2 janvier 1959.

Chaque affaire mentionnée au rapport fait l'objet de réponses des ministres et chefs de service intéressés, réponses également publiées.

- En application de l'article 13 de la loi du 25 juillet 1994, la Cour adresse au Parlement, au début du mois d'octobre, un **rapport annuel d'ensemble sur les comptes des organismes de Sécurité sociale**.

  Les organismes de Sécurité sociale sont contrôlés directement par la Cour ou, sous sa surveillance, par l'intermédiaire des CODEC (Comités départementaux d'examen des comptes de la Sécurité sociale), présidés par les trésoriers-payeurs généraux (voir Ève Darragon, « Le contrôle des organismes sociaux », dans Loïc Philip, *Les finances sociales, Unité ou diversité ?*, Economica, 1995, pp. 39-77).

  À l'ensemble de ces investigations s'ajoutent les **contrôles qui s'attachent à l'évaluation des gestions et politiques publiques** et donnent lieu à des rapports particuliers.

B. La Cour de discipline budgétaire et financière

La Cour de discipline budgétaire et financière a pour fonction essentielle de sanctionner les irrégularités commises par les ordonnateurs, plus précisément par les administrateurs, dans la gestion des finances publiques.

LE STATUT DE LA COUR DE DISCIPLINE BUDGÉTAIRE ET FINANCIÈRE

Créée par la loi n° 48-1484 du 25 septembre 1948, la Cour de discipline budgétaire et financière a commencé à fonctionner en 1950 et rendu son premier arrêt le 28 juin 1954.

La Cour est organisée par le Livre III du Code des juridictions financières annexé à la loi n° 95-851 du 24 juillet 1995 (*JO* du 29 juillet). Elle se compose d'un ***président*** qui est le Premier président de la Cour des comptes, d'un ***vice-président*** qui est le président de la section des finances du Conseil d'État, de ***deux conseillers d'État*** et de ***deux conseillers-maîtres à la Cour des comptes***. Les deux conseillers d'État et les deux conseillers-maîtres à la Cour des comptes sont nommés pour cinq ans à la Cour par décret en Conseil des ministres.

Le ***Procureur général près la Cour des comptes*** remplit les fonctions du ministère public près la Cour de discipline budgétaire et financière. Il est assisté d'un ***avocat général*** et, s'il y a lieu, d'un ou deux commissaires du gouvernement choisis parmi les magistrats de la Cour des comptes. L'instruction des affaires est confiée à des rapporteurs choisis parmi les membres du Conseil d'État ou de la Cour des comptes. Enfin, la Cour dispose d'un greffier assermenté.

LE CONTRÔLE SUR LES ADMINISTRATEURS

Bien que ressemblant beaucoup à une juridiction répressive, la Cour de discipline budgétaire et financière est une juridiction ***administrative***.

■ Les personnes justiciables de la Cour

La compétence de la Cour de discipline budgétaire et financière a été élargie en 1963 et en 1971. À ce jour, sont justiciables de la Cour de discipline budgétaire et financière à propos des finances publiques de l'État : d'une part, par application de l'article 1er de la loi du 25 septembre 1948, les membres de cabinets ministériels, ainsi que les fonctionnaires ou agents de l'État, et, d'autre part, depuis la loi du 13 juillet 1971, les agents chargés de la tutelle qui auraient donné leur approbation à des décisions irrégulières. Les ministres ne peuvent pas être traduits devant la Cour de discipline budgétaire et financière. Ils relèvent de la Cour de justice de la République dans les conditions prévues par le Titre X de la Constitution.

La Cour de discipline budgétaire et financière n'est pas seulement compétente en matière de finances publiques d'État. Ainsi, en sont également justiciables : les fonctionnaires ou agents des collectivités territoriales ou de leurs groupements ; les représentants, administrateurs ou agents soumis au contrôle de la Cour des comptes (établissements publics, organismes subventionnés, organismes de sécurité sociale, etc.).

Par ailleurs, l'article 78 de la loi n° 93-122 du 29 janvier 1993 relative à la prévention de la corruption qui étendait la compétence de la Cour de discipline budgétaire aux élus locaux a été abrogé par le Code des juridictions financières. Cependant, en application de l'article L. 312-2 de ce code, les ordonnateurs locaux restent justiciables de la Cour s'ils ont commis, dans l'exercice de leurs fonctions, des agissements ayant entraîné la condamnation d'une personne morale de droit public à astreinte pour inexécution totale, partielle ou tardive d'une décision de justice, ou s'ils ont enfreint l'article 1er de la loi n° 80-539 du 16 juillet 1980 relative aux astreintes prononcées en matière administrative et à l'exécution des jugements, ou encore lorsqu'ils ont engagé leur responsabilité propre à la suite de la réquisition du comptable et ont procuré ou tenté de procurer à autrui un avantage injustifié.

■ Les caractères généraux de la procédure

En application de l'article L. 314-1 du Code des juridictions financières, la Cour de discipline budgétaire et financière peut être saisie ***par l'intermédiaire du ministère public*** par : le président de l'Assemblée nationale, le président du Sénat, le Premier ministre, le ministre chargé des Finances, les membres du gouvernement en raison de faits relevés à l'encontre de fonctionnaires et agents placés sous leur autorité, la Cour des comptes, les chambres régionales des comptes. La Cour peut également être saisie ***de la propre initiative du Procureur général***. Enfin, ***le créancier de l'État, à la suite d'une décision de justice non exécutée***, a aussi la possibilité de saisir la Cour.

Dans la procédure, le procureur général dispose de pouvoirs importants. Il peut, avant même la désignation d'un rapporteur, classer l'affaire pour des raisons juridiques (prescription, par exemple) ou pour des motifs de faits (litige de faible importance). Lorsque le rapporteur désigné par le Président a terminé l'instruction d'une affaire, le procureur en a communication et peut encore classer l'affaire. S'il décide de poursuivre l'instruction, le procureur transmet le dossier pour demander l'avis au ministre compétent. Il peut encore, après cet avis, décider de classer l'affaire. Pour toutes ces raisons, l'activité juridictionnelle de la Cour est restée relativement réduite. De plus, la compétence de la Cour ne consiste pas à sanctionner de véritables fautes de gestion, mais plutôt des infractions précises définies par la loi (Christian Descheemaeker, « La Cour de discipline budgétaire et financière face aux fautes de gestion », *La Revue du Trésor*, n° 6, 1994, et *Les Notes Bleues de Bercy*, n° 47, 1994).

Le Recueil des arrêts de la Cour de discipline budgétaire et financière, publié dans les *Cahiers de comptabilité publique* n°s 2 et 3 (Institut de Comptabilité publique-Université de Caen) permet de dénombrer 92 arrêts au 31 décembre 1991, auxquels il faut ajouter 5 affaires en 1992, 5 affaires en 1993, 4 en 1994, 3 en 1995, 4 en 1996, 7 en 1997, 7 en 1998 et 4 en 1999. Cela porte donc à 126 le nombres d'arrêts rendus au 31 décembre 1999 (voir Rapport de la CDBF annexé dans Cour des comptes, *Rapport public 1999*).

Le jugement des affaires se rapproche à la fois du contentieux pénal et du contentieux disciplinaire de la fonction publique. Les intéressés ont la possibilité de se faire assister par un avocat. Les audiences sont publiques depuis que le Conseil d'État a fait respecter ce principe posé par l'article 6-1 de la Convention européenne de sauvegarde des droits de l'homme et des libertés fondamentales en cassant une décision de la Cour de discipline (CE, 30 octobre 1998, *M. Lorenzi*).

■ Les sanctions

La Cour de discipline budgétaire et financière prononce soit des ***arrêts de relaxe***, soit des ***arrêts de condamnation à des amendes***. Elle a la possibilité d'infliger des amendes d'un minimum de 1 000 F (art. L. 313-1 du Code des juridictions financières) et qui peuvent atteindre le double du montant du traitement ou salaire brut annuel de l'agent sanctionné (en cas d'avantage injustifié à autrui : art. L. 313-6 du Code des juridictions financières). Ces amendes sont de même nature que celles prononcées par la Cour des comptes lorsqu'elle sanctionne une gestion de fait. Pour leur recouvrement, elles sont assimilées aux débets des comptables. Elles peuvent donner lieu à des poursuites et à des remises dans les mêmes conditions.

Les amendes ont le caractère de peine. Cependant, les poursuites devant la Cour ne font pas obstacle à une poursuite devant les juridictions répressives, de même qu'elles n'excluent pas les poursuites devant les instances disciplinaires. La loi permet d'ailleurs à la Cour de provoquer l'ouverture d'une action pénale ou disciplinaire.

Les arrêts de la Cour sont ***sans appel***, mais ils peuvent faire l'objet d'un ***recours en révision*** devant la Cour, en cas de faits nouveaux de nature à établir la non-responsabilité de l'intéressé. Ils sont aussi susceptibles d'un ***recours en cassation*** devant le Conseil d'État de la part de l'intéressé ou du Procureur général. Depuis octobre 1995, le Rapport de la Cour de discipline budgétaire et financière est annexé au Rapport de la Cour des comptes.

3. Le contrôle exercé par le Parlement

Le contrôle des finances de l'État est enfin exercé par le Parlement, qui peut intervenir en cours d'exécution de la loi de finances (A), mais qui doit, en tout état de cause, intervenir a posteriori lors du vote de la loi de règlement (B).

A. Le contrôle parlementaire en cours d'exécution de la loi de finances

Le contrôle parlementaire en cours d'exécution de la loi de finances est principalement exercé : individuellement, par les questions des parlementaires, et institutionnellement, par les commissions des assemblées.

LES QUESTIONS DES PARLEMENTAIRES

Les parlementaires disposent d'un certain pouvoir de contrôle des finances de l'État qu'ils exercent, à titre individuel, par le biais des questions. Bien que non prévue par le règlement des assemblées, la pratique des questions budgétaires s'est développée depuis 1978. *Les Notes Bleues de Bercy* publient régulièrement les principales questions en matière de finances publiques et de fiscalité, ainsi que les réponses du gouvernement.

LES COMMISSIONS DES FINANCES DES ASSEMBLÉES

En dehors des pouvoirs reconnus individuellement aux parlementaires, comme le notait Pierre Lalumière : « le contrôle parlementaire au cours de l'exécution des lois de finances est essentiellement l'œuvre des commissions des Finances des assemblées ». **1°)** Elles peuvent ***obtenir des informations*** *suite à des consta-*

tations faites par la Cour des comptes. Le Premier président de la Cour des comptes est habilité à leur adresser des lettres à ce sujet en vertu de la loi du 8 août 1950. **2°)** Les commissions des finances ***ont communication des situations trimestrielles des dépenses engagées*** *ainsi que de toute demande d'engagement de dépenses au-delà des crédits ouverts* (art. 68 de la loi du 21 mars 1947 et art. 3 de la loi du 10 juillet 1949). **3°)** Les ***rapporteurs spéciaux*** du budget de chaque ministère ont la possibilité de *suivre sur pièces et sur place l'emploi des crédits attribués aux ministères* qu'ils suivent (art. 48 de la loi du 31 décembre 1936 et art. 72 de la loi du 21 mars 1947). **4°)** *Les commissions des Finances peuvent* ***demander au ministre de l'Économie et des Finances ou à un ministre dépensier de venir s'expliquer*** sur la manière dont est exécutée la loi de finances de l'année dans son ministère.

LES COMMISSIONS D'ENQUÊTE

D'après la loi n° 91-698 du 20 juillet 1991, les commissions d'enquête « *sont formées pour recueillir des éléments d'information soit sur des faits déterminés, soit sur la gestion des services publics ou des entreprises nationales, en vue de soumettre leurs conclusions à l'assemblée qui les a créées* ». Dotées d'importants pouvoirs, elles ne peuvent être créées pour enquêter sur des faits ayant donné lieu à des poursuites judiciaires et aussi longtemps que ces poursuites sont en cours. Le contrôle parlementaire de la gestion des finances par ce moyen risque donc d'être très limité.

B. Le contrôle parlementaire a posteriori

Le contrôle parlementaire a posteriori est celui qui résulte de l'adoption de la loi de règlement. Cependant, on peut se demander si ce contrôle est bien efficace.

LE CONTRÔLE EXERCÉ LORS DU VOTE DE LA LOI DE RÈGLEMENT

La loi de règlement est le mode normal de contrôle parlementaire sur l'exécution de la loi de finances. Les assemblées ayant, en effet, donné l'autorisation budgétaire, il est logique qu'elles puissent, a posteriori, vérifier si et dans quelles conditions cette autorisation a bien été respectée. Tel est l'objet de la loi de règlement telle qu'elle est définie dans l'ordonnance de 1959 (articles 2 alinéa 5; 35; 36; 38 alinéa 2) et dans l'article 144 du décret du 29 décembre 1962 sur la comptabilité publique, lequel prévoit que « *la loi approuve les comptes et règle définitivement le budget de l'État* ».

Pour ce faire, les parlementaires disposent de différents éléments. En premier lieu, ils sont en possession des ***rapports de gestion des ministres***. En effet, chaque ministre est tenu d'établir chaque année un rapport de gestion dans lequel il certifie la conformité entre ses propres écritures et le développement des dépenses de son département et, le cas échéant, du ou des budgets annexes dont il est chargé (décret de 1962, art. 143). En second lieu, les parlementaires disposent du ***Compte général de l'administration des Finances*** étudié précédemment (voir chap. 6). La confrontation de cette comptabilité des comptables avec celle des ordonnateurs et des rapports de gestion des ministres permet d'expliquer l'origine des dépassements de crédits et la nature des pertes et profits qui doivent faire l'objet d'annexes explicatives (art. 36-1° de l'ordonnance de 1959). Ce Compte général de l'administration des Finances est accompagné de la déclaration générale de conformité donnée par la Cour des comptes (art. 36-2° de l'ordonnance de 1959 et art. 150 du décret de 1962). En troisième lieu, les parlementaires bénéficient des ***analyses de l'exécution de la loi de finances effectuées dans le rapport de la Cour des comptes*** transmis au Parlement avec le projet de loi de règlement (art. 36 2° de l'ordonnance de 1959). C'est en réalité dans ce document que les parlementaires puisent l'essentiel des arguments qu'ils échangeront lors de la discussion du projet de loi de règlement.

La loi de règlement constate les résultats de l'année civile et approuve les différences entre les résultats et les prévisions de la loi de finances éventuellement rectifiée de l'année. À cette occasion, l'approbation du compte des résultats de l'année comprend :

– le déficit ou l'excédent résultant de la différence nette entre les recettes et les dépenses du budget général ;

– les profits et pertes constatés dans l'exécution des comptes spéciaux du Trésor, à l'exception de ceux des comptes d'affectation spéciale (art. 24 de l'ordonnance de 1959). Par ailleurs, les avances non remboursées en cas de renouvellement font l'objet d'une perte probable imputée aux résultats de l'année ;

– les profits ou pertes résultant des opérations de trésorerie.

La loi de règlement permet éventuellement de ratifier des ***décrets d'avances***. S'agissant du résultat de l'année, la loi de règlement va autoriser le transfert du résultat au compte permanent des découverts du Trésor. Ce compte cumule tous les découverts budgétaires depuis une période d'avant 1840. Il n'a pas grand sens dans la mesure où il ajoute des francs de 1840 à des francs d'aujourd'hui sans tenir compte de l'érosion monétaire.

L'AMÉLIORATION DU CONTRÔLE PARLEMENTAIRE

Le Parlement peut-il effectivement contrôler les finances de l'État ?

Si le contrôle est juridiquement possible, force est de reconnaître qu'il est resté longtemps inadapté et en réalité peu efficace. La prise de conscience de ces difficultés, dans le milieu des années 1990, a conduit à des améliorations significatives. Le contrôle a posteriori se révélait inefficace parce qu'il conduisait à discuter du règlement d'un budget voté souvent par un gouvernement autre que celui qui devait par la suite le régler (Luc Saïdj, « La loi de règlement et le développement du contrôle parlementaire de la Restauration à nos jours », *RFFP*, n° 51, 1995). Les choses ont déjà changé sur ce point. Ainsi, on observe une très nette amélioration de la rapidité de la consolidation des comptes de l'État depuis 1995.

À titre d'exemple, le terme de la période complémentaire d'exécution du budget 1999 a été fixé au 28 janvier 2000, contre le 8 mars avant 1995. Ainsi, la Cour des comptes a été en mesure de connaître non seulement le Compte général de l'administration des finances dès le 13 avril 2000 mais aussi les comptes définitifs des ministres au 26 avril 2000 alors que la publication des derniers arrêtés de report de crédits intervenait le 23 avril 2000. Ces gains de temps ont permis à la Cour de délibérer plus tôt à la fois sur l'exécution des lois de finances pour 1999 et sur la déclaration générale de conformité afférente aux comptes de l'exercice 1999. Pour ces raisons, le gouvernement a pu dès le 2 juillet 2000 déposer sur le bureau de l'Assemblée nationale le projet de loi de règlement du budget 1999. Le rapport parlementaire sur ce projet a été mis en distribution le 9 octobre 2000. Par conséquent, pour la première fois, la discussion sur le projet de loi de finances de l'année suivante (PLF 2001) a pu s'engager alors que les résultats des lois de finances du dernier exercice exécuté étaient déjà connus (LF 1999). Ces progrès devraient se confirmer dans la mesure où une réforme de la comptabilité comprenant notamment la mise en place d'une comptabilité d'exercice tenue en « droits constatés » doit permettre de réduire, et même supprimer la période complémentaire.

Autre difficulté du contrôle : les citoyens et leurs représentants ne peuvent effectivement bien contrôler que ce qui est suffisamment clair pour être compris de tous. Des efforts pour réintégrer des budgets annexes et certains comptes spéciaux du Trésor dans le budget général ont introduit une meilleure lisibilité de l'action des ministères, même si la connaissance de l'activité réelle d'un ministère comme celui de la Défense suppose de prendre en considération l'ensemble des opérations qui transitent par les comptes de commerce et qui s'ajoutent aux crédits inscrits pour ce ministère au budget général de l'État.

La proposition de loi organique (Ass. nat., Rapport n° 2540, 12 juillet 2000) de modification profonde de l'ordonnance 59-2 du 2 janvier 1959 détaille un important catalogue de mesures destinées à « mieux assurer l'exercice du pouvoir budgétaire du Parlement ».

Elle prévoit en particulier d'accroître la lisibilité et la sincérité des documents budgétaires pour permettre un meilleur contrôle : suppression des budgets annexes; réglementation plus stricte des comptes spéciaux du Trésor et des fonds de concours; présentation du budget en deux sections (investissement et fonctionnement); présentation des budgets ministériels par programmes (dont les agrégats expérimentés depuis la loi de finances 2000 sont une première étape); ...

De même, les atteintes à la sincérité des lois de finances résultant de l'assimilation de certaines recettes fiscales à des fonds de concours bénéficiant aux services financiers sans autorisation parlementaire ont moins de chance de se reproduire depuis la mise en garde émise par le Conseil constitutionnel (décision n° 97-395 DC du 30 décembre 1997). De ce point de vue, ce rappel des grands principes du droit budgétaire comme celui de l'unité, renforcé par celui de sincérité, favorise le contrôle parlementaire des finances de l'État.

Les réflexions pour améliorer le contrôle a posteriori des finances de l'État avaient conduit à d'intéressantes propositions de réforme en 1995 (Ass. nat., Rapport n° 2065, mai 1995, mission d'information commune, *De l'information du Parlement au contrôle du gouvernement*). Le Président Chirac avait donné des directives en ce sens lors de son message au Parlement, le 19 mai 1995, en déclarant : « Pour ce qui est des finances publiques, dont le contrôle constitue la tâche principale du Parlement, les moyens d'action dont disposent les Assemblées devront être renforcés. (...) j'invite les Assemblées à rechercher la meilleure adéquation entre le coût et l'efficacité des dépenses, à charge pour elles de se doter des moyens qu'elles estiment nécessaires ». Relayant cette invitation, une proposition de loi fut déposée par MM. Laurent Dominati et Jean-Michel Fourgous pour élargir les pouvoirs d'information du Parlement et créer un ***Office parlementaire d'évaluation des politiques publiques***.

Cet office, créé par la loi n° 96-517 du 14 juin 1996, se compose d'une délégation à l'Assemblée nationale et d'une délégation au Sénat. Chaque délégation comprend huit membres de droit parmi lesquels figurent le président et le rapporteur général de la commission des Finances ainsi que les représentants des six commissions permanentes. À ces membres de droit s'ajoutent huit membres désignés par les groupes parlementaires. La présidence de l'Office est assurée alternativement, pour un an, par le président de la commission des Finances de chaque Assemblée ; le vice-président de droit est le président de la commission des Finances de l'autre assemblée. Le Bureau de l'Office comprend aussi quatre vice-présidents (deux députés et deux sénateurs) et quatre secrétaires (deux députés et deux sénateurs). Un règlement intérieur approuvé par les Bureaux des assemblées précise les modalités d'organisation et de fonctionnement de l'Office (voir : la collection « Connaissance de l'Assemblée » N° 12, *Les commissions à l'Assemblée nationale*, janvier 2000 ; sur le site de l'Assemblée : www.assemblee-nationale.fr).

L'Office dispose d'importants ***pouvoirs d'investigation*** et peut, comme les rapporteurs spéciaux des commissions des Finances, se faire communiquer tout document par les administrations dès lors que cela ne porte pas atteinte au secret de la Défense nationale, à la confidentialité des Affaires étrangères ou à la sécurité de l'État, et que cela n'empiète pas sur le domaine de l'autorité judiciaire.

Une des carences du contrôle parlementaire en France provenait en partie du monopole gouvernemental sur les sources d'information en matière économique et budgétaire, contrairement à l'Office budgétaire du Congrès américain, le *Congressional Budget Office* (Laurent Zecchini, *Le Monde*, 21-22 mai

1995; Jean Bensaïd et Jean-Paul Trucy, « La procédure budgétaire aux États-Unis, Le budget de l'État fédéral », *Les Notes Bleues de Bercy*, n° 79, 1996). Pourquoi le Parlement français ne disposerait-il pas du moyen de discuter des choix budgétaires à partir d'expertises indépendantes? Ce monopole existe toujours mais il convient d'en relativiser les effets dans la mesure où, depuis 1996, l'amélioration de la présentation des documents budgétaires s'est accompagnée de la mise à disposition des parlementaires des données informatiques de l'administration, laissant ainsi la possibilité de faire d'autres simulations que celles des projets de lois de finances.

Par ailleurs, il faut noter que les rapports publiés par l'Office d'évaluation des politiques publiques ont tous été réalisés avec l'appui de collaborations extérieures.

Ces études ont porté sur : « La politique maritime et littorale de la France »; « L'efficacité des aides publiques en faveur du cinéma français »; « Le rôle des flux financiers entre les collectivités publiques et les entreprises en matière d'emploi »; « Le dispositif public de promotion des investissements étrangers en France »; « La situation financière du régime de retraite des agents des collectivités locales ».

Figure également au rang des améliorations du contrôle parlementaire, la création, en février 1999, de la ***Mission d'évaluation et de contrôle (MEC)*** au sein de la commission des Finances de l'Assemblée nationale. La pratique de la MEC « *s'inscrit dans le cadre d'une certaine progression de la démarche évaluative dans notre pays et d'une volonté de promouvoir un meilleur contrôle parlementaire* » (*Mission d'évaluation et de contrôle - Premier bilan*, Ass. nat., n° 2599, octobre 2000). La crédibilité de la MEC est renforcée par l'habitude prise par les ministres et les responsables des administrations de répondre aux questions et aux propositions de réforme présentées par cette institution prometteuse.

Ainsi, la MEC a travaillé sur les sujets suivants : « La gestion des effectifs et des moyens de la police nationale »; « L'usage des fonds de la formation professionnelle »; « La politique autoroutière »; « Les aides à l'emploi »; « La gestion des universités. Elle a proposé, dans un rapport d'information, d'améliorer le recouvrement de l'impôt (MEC, *Recouvrement de l'impôt : une réforme nécessaire*, Ass. nat., n° 2543, juillet 2000).

Enfin, la *glasnost* budgétaire souhaitée par le ministre de l'Économie, des Finances et de l'Industrie lors du débat d'orientation budgétaire du 16 mai 2000, témoigne d'un nouvel état d'esprit qui, avec ou sans modification de l'ordonnance 59-2 du 2 janvier 1959, devrait permettre de renforcer encore la transparence des finances de l'État.

Les douze mesures suivantes ont été annoncées : communication des lettres de cadrage aux commissions des Finances; adoption d'une charte de budgétisation facilitant les comparaisons d'une année sur l'autre; demande d'avis à la Commission économique de la nation sur la sincérité des prévisions de recettes; discussion avec les commissions des Finances sur les programmes pluriannuels des finances publiques transmis à l'Union européenne ; présentation pour chaque ministère d'indicateurs et d'un résumé des objectifs, coûts et résultats quantifiés ; description complète des dépenses publiques, en particulier sur les relations entre l'État et la Sécurité sociale et sur les emplois publics ; information synthétique des contribuables sur le budget ; compte rendu de l'état réel des finances publiques, y compris sur l'utilisation du patrimoine, et fourniture d'une comptabilité hors bilan ; développement du contrôle de gestion en liaison avec la MEC ; dépôt du projet de loi de règlement en juin avant la discussion du projet de loi de finances pour l'année suivante ; publication des comptes rendus annuels de gestion pour chaque ministère ainsi que des rapports au Premier ministre associés aux décrets d'avances ou de virements.

Ces efforts convergents du gouvernement et de son administration des Finances, des institutions parlementaires, des juridictions administratives, en particulier financières, et du Conseil constitutionnel améliorent le fonctionnement de la démocratie représentative. Si la Déclaration des droits de l'homme et du citoyen conserve toute son actualité (« *Tous les citoyens ont le droit de constater, par eux-mêmes ou par leurs représentants, la nécessité de la contribution publique,* ***d'en suivre l'emploi****, et d'en déterminer la quotité, l'assiette, le recouvrement et la durée* », art. 14), le développement d'une information budgétaire et financière plus lisible et surtout plus accessible peut contribuer à rendre cette démocratie représentative un peu plus citoyenne.

Conseils bibliographiques

Textes fondamentaux :

L'ordonnance n° 59-2 du 2 janvier 1959 modifiée portant loi organique relative aux lois de finances, *in* Documents d'études n° 5.01, La Documentation française.

Le décret n° 62-1587 du 29 décembre 1962 portant règlement général sur la comptabilité publique *in Comptabilité publique, Règlement général, Organisation du service des comptables,* brochure n° 1460 + suppléments, Éd. *JO,* septembre 1992.

Manuels de finances publiques :

M. **Bouvier**, M.-C. **Esclassan**, J.-P. **Lassalle**, *Finances publiques*, coll. "Manuels", LGDJ, 2e éd., 1995, 752 p.

P.-M. **Gaudemet** et J. **Molinier**, *Finances publiques*, Tome 1 : *Politique financière. Budget et Trésor*, "Précis Domat", Montchrestien, 6e éd., 1992, 570 p.; Tome 2 : *Fiscalité*, 5e éd., 1992, 528 p.

P. **Lalumière**, *Les finances publiques*, coll. "U", Armand Colin, 9e éd., 1989, 544 p.

M. **Lascombe** et X. **Vandendriessche**, *Les finances publiques*, "Connaissance du Droit", Dalloz, 1994, 152 p.

R. **Muzellec**, *Finances publiques*, "Notions essentielles", Sirey, 9e éd., 1995, 492 p.

L. **Philip**, *Finances publiques*, coll. "Synthèse", Cujas, 5e éd., 1995, 472 p.

L. **Saïdj**, *Finances publiques*, coll. "Cours", Dalloz, 1995, 334 p.

L. **Trotabas** et J.-M. **Cotteret**, *Droit budgétaire et comptabilité publique*, "Précis Dalloz", 5e éd., Dalloz, 432 p.

Sur le budget de l'État :

P. **Amselek**, *Le budget de l'État sous la Ve République*, "Bibliothèque de science financière", tome 5, LGDJ, 1967, 657 p.

J.-M. **Cotteret** et C **Émeri**, *Le budget de l'État*, "Que sais-je ?", n° 1484, PUF, 7e éd., 1994.

Direction du Budget (1re sous-direction), *Le budget de l'État*, Éd. de Bercy, 1995, 150 p.

Institut français des sciences administratives, *Le budget de l'État*, Economica, 1988, 288 p.

M. **Paul**, *Les finances de l'État. Budget, comptabilité*, Economica, 1981, 680 p.

Sur la comptabilité publique :

J. **Magnet**, *Éléments de comptabilité publique*, coll. "Systèmes", LGDJ, 2e éd., 1994, 182 p., et, dans la même collection, *Les comptables publics*, 1995, 152 p.

M. **Prada** et R. **Barberye**, *La Comptabilité publique*, Berger-Levrault, 3e éd., 1988, 376 p.

Pour comprendre les notions techniques :

L. **Philip** (sous la dir. de), *Dictionnaire encyclopédique de finances publiques*, Economica, 1991, 1648 p. (2 vol.).

Dans les publications périodiques :

- La *Revue française de Finances publiques* (trimestrielle) dir. M. Bouvier et M.-C. Esclassan, Éditions Juridiques Associées.
- *Les Notes Bleues de Bercy* (bimestrielles, du ministère de l'Économie et des Finances et du ministère du Budget).
- *La Revue du Trésor* (née en 1921, publiée mensuellement).

Dans la presse : *Le Monde* et la presse économique et financière, notamment le quotidien *La Tribune Desfossés*.

Index alphabétique

Nota :
les numéros renvoient
aux pages.

Achevé d'imprimer par Hérissey
Dépôt légal : 4263/02/2001 - Collection 50 - Édition 01
14/5338/0